U0015378

窪地與韭菜

阿姨論中國（人）的
心理、現實與結局

劉仲敬——著

目次

壹

「中國」的歷史，不過是文明的灰燼

一、中國是全世界最大的秩序「窪地」

◎您認為當今中國「秦政」牢不可破的原因是什麼？

秦政這件事情倒不是中國所特有的，儘管秦代以後的儒家，把這種體系稱為秦政，但這是為了方便起見，因為他們發明的模型是這樣的：周政代表「真善美」，是孔子和周公喜歡的東西；秦政那是秦始皇和商鞅喜歡的東西，代表「假醜惡」。反正我認為好的，我就歸到周政那一方面去，我是孔子和周公的後代；凡是壞的，暴君、搞破壞的，統統歸到秦始皇的名下，都是秦政。但是實際上秦政不是華夏特有的，我只是借用了儒家這個名詞來方便理解罷了。

專制主義是最簡單的東西，它不需要發明，因為它就是抽取和破壞。你比如說要種出點莊稼來，或者是生產任何產品都需要費力的，但是我如果要搶你，那就是很容易了。秦政是什麼？它是資源的汲取。汲取是最容易的，因為傻瓜都可以汲取；但是創造則是很難的。創造是千姿百態的，你可以種水稻，也可以種小麥，還可以去生產各式各樣的東西，可以生產的東西是無窮無盡的，創造的天地是無窮無盡的。但是汲取的辦法就是非常簡單的，就是抽取、搶劫。這個辦法是誰都會，而且是非常簡單的東西。

實際上任何時代都有搶劫和破壞，但是只有在文明進入衰亡時期以後，搶劫和破壞才會浮現到最表層的地方。大家可以想像，其實像每一個城市，各個地方都有小偷和強盜，但是絕大多數地區，在北京或者上海你隨便旅遊一下，肯定是很難看到小偷和強盜的存在，因為他們都躲在你看不見的角落裡面，也許正在掏你的腰包，雖然你沒有發現，但其實他是存在的。但是你如果跑到敘利亞或者索馬利亞去，你會發現有人當街搶你，你第一眼看到的就是小偷和強盜，然後你回去以後，你說索馬利亞太壞了，敘利亞太壞了，上海是一個很好的地方，北京是一個很好的地方。其實，那樣的強盜在北京和上海、跟敘利亞和索馬利亞同樣都是存在的，只不過敘利亞和索馬利亞正好進入了一個瓦解階段，於是過去隱藏在地下的東西，現在浮在表面上，反而給人以最深刻的印象。

秦政或者說是汲取性的專制主義，是所有文明到了沒落階段的共同現象。羅馬在滅亡的時候也是這個樣子的。印加帝國是被外力強行推翻的，但是它在最後階段也表現出相應的特徵，就是說社會上的創造力已經枯竭了，一切精力都用在汲取資源。這就是秦政。等到所有的創造力都吸收到秦政這個方面的時候，這個文明已經是進入很容易被摧毀，而且即使不受外力打擊也要自己瓦解的狀態了。然後你每一次重演文明毀滅的時候，在文明行將毀滅但是還沒有毀滅的前夜，你都可以看到秦政這種現象存在。

至於說是為什麼秦政在秦朝以後的中國反復出現，實際上就是因為中國在秦漢帝國瓦解以後重建的新文明，例如魏晉南北朝、鮮卑人或者五胡移民重新建立的隋唐帝國，一次又一次重蹈了秦政的覆轍，最後在類似差不多的情況下死亡。因為生活的面貌儘管千姿百態，但是死亡的面貌都是非常相似的。大家看到死亡時候的面貌，一般都會平靜地說，這跟暴秦有什麼區別，於是就會說秦政一次又一次的重演了。碰上比較開明的君主，像唐太宗，大家就要說是，啊，他跟周天子和孔子的理想非常相似，簡直是三代上古堯舜之君；等到快要衰亡的時候，大家又開始罵，這是秦始皇又回來了。情況就是這樣的。每到衰亡時刻，秦政就會回來，這是自然而然的。

◎為何在春秋戰國之後，華夏文明再也沒有產出新的思想資源了？

這就有一個主觀和一個客觀的解釋，這兩者也許不是完全相悖的。如果你要有一個主觀的解釋，那就是說是，秦政留下了惡毒的遺產。它就等於是給你編了一部「搶劫百科全書」，本來有很多人事先並不一定會搶劫，但是一看到搶劫這麼樣容易的話，因為他有搶劫百科全書在手裡面，所以願意走這條路的人就特別多，這樣就形成了有害的示範效應，結果使重演的新文明很容易過早的走到秦政的模式上去。其實他們本來可能不會那麼快的。像是魏晉以後蠻族重新建立的邦國，它的性質跟日爾曼人重建歐洲非常相似，但是它就沒有產生出自己的英格蘭和法蘭西，而是迅速的走到了秦漢帝國的發展軌道上去。

秦政的持續，主持意識形態的儒生應該負一定責任，因為儒生在先秦時代和漢代本來是最激烈反對秦政的力量，但在蠻族入侵以後，他們可能是在列國混戰的不安定局面中，渴望在官僚帝國中享受舒適的士大夫生活吧，於是就盡可能地向蠻族君主推銷秦政的藝術，去扮演相當於洪承疇、吳三桂那種角色，想把入侵的蠻族盡可能地改造成為秦漢帝國那樣的君主，然後他們自己就可以在這個君主的保護之下安安全全的做官。這個因素可能促使了本來可以重建的文明重新走回到原來那條衰亡的老路上去，起了一定作用。

但這是個主觀的因素，你得說是，主觀的因素在哪兒都是存在的。在歐洲，這樣的士大夫階級也是不缺的。早在查理曼的時代，就有很多學者希望查理曼出來當凱撒、奧古斯都，重建羅馬帝國的盛世。你可以想像，如果這些學者成功了的話，那麼查理曼是不是就會變成一個康熙大帝這樣的君主，把歐洲統一起來了以後，後來的歐洲可能不會存在了。當時的戰亂得以避免，人民得到了安全，士大夫有了官做；但是後來的創造可能沒有什麼大的差別，可能歐洲又會變成一個第三期的希臘羅馬文明，跟過去的羅馬一樣，有一個強大的官吏集團和輝煌的宮廷，但是可能就不會有近代資本主義和這一切了。後來伊拉斯謨和文藝復興時代那些名士，他們也是相當崇拜古羅馬晚期那種帝國結構的。而啟蒙運動的哲士如伏爾泰和他的同僚們，則是非常崇拜俄國凱薩琳大帝或者康熙皇帝這樣的官僚國家，反而覺得他們本國，英法這一帶亂哄哄的情況不好，特別反對那些宗教戰爭，希望有一個不講宗教的、只講世俗的專制君主把他們統合、鎮壓下去。這在歐洲也是一次又一次出現的。但是這些衝動全部失敗了。

所以這背後可能有一個更加客觀、更重要的原因，就是說它的生態資源一開始就要比東亞豐富得多，所以它經得起破壞。可以說任何時候都有收割者和破壞，但是你的生命力特別強盛的話，那麼收割者和破壞者基本上是支流，發揮不了主流的作用；如果是在比較薄弱的地方，這些收割者就變成主流了。你在亞馬遜河附近去砍柴，是沒有什麼影響的；但如果你在新疆塔里木河附近去砍柴的話，說不定你就把僅有的那兩棵紅柳給砍光了，很快當地就變成沙漠了。

我覺得東亞這塊地方就是相對於歐洲和中東來說，它就是一個雞肋，就是基因多樣性一開始就要比人家小，所以特別禁不住收割。而在第一次秦政以後，它已經受了嚴重的打擊。以後，可以說是秦漢瓦解以後的這個所謂中國，是非常依賴於印度、中東地區的文明輸入的。如果沒有中亞不斷的給它輸入佛教或者是伊斯蘭教或者各種各樣技術的話，唐帝國和明帝國很可能自己都維持不下去。唐太宗他哪怕是要組織一支樂隊或者是吃點藥的話，要麼就去找龜茲人，要麼就去找印度來的婆羅門和和尚，儘管他自己也是半鮮卑，但是他在東土和江南就找不到可以用的人。

而明帝國呢，哪怕在永樂大帝的時代，他要用火槍都還要到安南（越南）去找，也只能使用穆斯林的曆法。之後哪怕是在後期中華文明最核心的地帶，它實際上都是必須不斷的依賴外來技術的輸入。從中國皇帝特別重視曆法就可以看出，漢代以後的曆法基本上是定期從中東輸入的產物。每一次重新輸入，大概在元朝以後，就完全依靠從中東進口穆斯林天文學家了。像今天新疆的喀什這樣一個小地方，過去它的天文台比北京的天文台還更先進。其實它的來源是什麼？它就是依靠內亞的撒馬爾罕給它培養出來的天文學者。當時亞洲的天文學中心是在撒馬爾罕，而不是在北京。北京實際上是用宮廷的富裕養活了一批進口的穆斯林學者。

從這個角度就可以看出，後期的中華帝國是一個拼湊的產物，它在表面上把帝國的空架子搭起來了，但是內部的技術是必須不斷從外部輸入，而且越到晚期，輸入的程度就越大。這個內部的脆弱和空虛是很明顯就可以看出來的，用不著等到滿清入關，或者是等到西方勢力到來。這裡面與其說是好和壞的問題，不如說是豐富和單調的問題。你把它跟東地中海沿岸這些地方相比，那就明顯要單調。東方更單調，西方更豐富。但是反過來，你如果跟非洲南部或者美洲比的話，那麼東亞相對而言還算是比較豐富的。你要是去比較剛果那些部落王國，就更可以看出差異來了。

因為現在聯合國提倡各文明平等的價值觀，所以大家現在很重視編纂西方以外的歷史，把剛果或者是西非那些帝國拿出來，說的好像是跟歐洲或者是亞洲的各帝國一樣輝煌燦爛的東西。但你仔細一看，他們那些帝國除了有錢以外什麼也沒有。那些帝國其實就是一些充當二道販子的酋長，這些酋長把本地產物，比如說有金礦的話，他就把這些金礦賣到阿拉伯去，然後從阿拉伯輸入伊斯蘭教和其他高檔的文化。這些帝國也許比摩洛哥蘇丹或者巴格達的哈里發還有錢，因為它是產金礦的地方，但你仔細一看，它裡面一切高檔的東西，天文學也好，統治技術也好，一切算得上是文化的東西，都要靠從阿拉伯那兒輸入，它自己就是，除了礦產什麼也沒有。

東非那些帝國呢，就是依靠輸出土特產和奴隸建立起來的。東非桑吉巴的蘇丹國，它就是一個奴隸交換商，把內地綁架來的奴隸賣到阿拉伯去，然後從阿拉伯那裡輸入各種經濟作物和金錢、火器之類的東西。這樣的帝國，你一定要說它們能跟巴格達的哈里發帝國平起平坐，那恐怕對後者來說是很不公平的。這一點也是豐富和簡單的問題，不是好或者壞的問題，你也可以說歸根結底還是一個等差的問題。由東地中海產生出來的兩希文明的後裔，它的豐富度始終是領先的，而東亞地區的豐富度比它差一點，但是還要比非洲和南美洲其他地方要強一些。

◎中國走到歷史末期，總是處在散沙化的狀態，每一次蠻族入侵都沒能重建小共同體和組織資源，為何如此呢？

蠻族入侵，其實一開始的基本公式都是：首先有部落組織，然後轉化為封建結構，最後轉化為官僚組織。只是這個節奏似乎是越來越快了。

五胡亂華時入侵的蠻族在最開始的時候還是部落組織，它們有單于台這樣的部落組織，你從前趙、劉漢這樣的政權就可以看出這點；然後部落組織通過把他們的貴族安插到地方上去，然後就形成了半封建結構，那就是北朝和隋唐的府兵制；最後這些府兵漸漸變得跟編戶齊民沒有什麼區別，然後就完全轉化為官僚制度。可以說從五胡亂華一直到北朝，到唐太宗，這是一個重演了從西周入侵殷商，然後經過孔子時代，最後到秦始皇這個過程——由移動的部落變成安居的封建，然後最後再變成散沙化的官僚專制帝國。

唐代以後，像是遼金之類的新蠻族王朝，退化的速度就更快了。金人入侵的時候還是部落組織，然後它在宋高宗那一朝就經過了三次轉化：首先是純部落組織，然後設立行台結構，就是一個代理官僚機構，最後首都遷到汴京，在汴京設立陪都，實行五京制，也就是變成徹底官僚化。這個速度是非常快的，幾十年時間就已經走完了從北朝到唐代花幾百年才走的時間表。然後等到清兵入關的時候，這個速度又比金人入關的時候更快，基本上是在皇太極和順治兩朝就把原有的部落制度，所謂的八固山合議*之類的制度，最終完全轉化為官僚專制主義。原來的八旗，帶有一點部落民主殘餘的東西，迅速的消失得無影無蹤。

在這個過程中很明顯的形勢就是，滿洲皇帝跟漢族士大夫結成聯盟，打擊原有的部落貴族。部落貴族還希望通過部落貴族的共治來控制君主，而君主和漢家士大夫的合作，就把占在中間的貴族組織完全削平了，完全變成一種皇帝和沒有武力的漢家官僚共治的局

* 八固山合議，又稱「議政王大臣會議」，是清代初期的皇帝諮詢機構，由皇太極於一六二六年正式確立，其成員多為滿洲八旗權貴。

面。這樣雙方都有所得：對於皇帝來說，有武器的貴族是一個威脅，而沒有武器的官僚士大夫威脅就要小得多了；而對於官僚士大夫來說，他可以通過跟皇帝合作，把皇帝變成中國式的，漢室的皇帝，明室的皇帝，然後把異族的部落貴族給打出去，這樣就部分的實現了同化異族的目的，同時也通過犧牲貴族加強了自己的權力。這樣雙方一拍即合。

但實際上這就是走了跟歐洲恰好相反的道路。歐洲呢，則恰好就是相當於是八旗貴族這樣一個中間階級肥大起來，把上面的國王和下面的平民都壓住了，最後通過這條道路才開出了議會民主的道路。你可以說這是路徑的不同，但是路徑不同背後肯定有資源的不同：也就是說，在東亞這一塊除了現成的儒家這套倫理以外，你簡直就沒有可以運用的資源；但是在歐洲的話，那麼你可以用的資源就很多了，有教會繼承的羅馬法、日爾曼的習慣法和基督教發明出來的各式各樣的新東西。羅馬帝國哪怕在最後時期，它在法律上也沒有完全廢除城邦制度。

所以基本上是中世紀一開始，在羅馬帝國倒台後，就出現了難民假託羅馬名義建立威尼斯和佛羅倫斯這種城邦的衝動。這些城邦保留了自治政體的種子。而基督教呢，它一開始是在羅馬帝國鎮壓之下，必須依靠地下自治團體保護自己，所以它始終也沒有丟掉這個團體。即使有羅馬教皇，其下還有各式各樣的、比如道明會（Dominican Order）及其他教團，即使理論上你不能反對教皇本人，但實際上你可以反對其他的教團，各教團之間也有自己的教規和教義的競爭，有自己各式各樣的法庭，等於說他們不斷的有自己的制度創新和制度競爭。這個豐富性和多元性一開始就是沒法比。你可以說這是一個繼承問題，可以說是希伯來文明它本身就是一個繼承性的，它繼承了中東的古老文明，把這些種子撒到一些年輕的文明手裡面，但這些繼承因素在東亞基本是不存在的。

◎是否可以說，解體和自由是東亞歷史的自然走向，但內亞的組織技術輸入卻反而成為大一統帝國的維持基礎？

是這樣的。大一統帝國是消耗性的，當它的消耗越過臨界點，就自然會解體，解體以後會出現一個短暫的多國體系。這個多國體系如果沒有受到外力干涉的話，它們會相互攻擊、相互吞併，有一部分實體會消失，但是大多數實體經過足夠長的時間博弈以後，也會形成類似春秋戰國的穩定結構。

但是如果在這個過程當中，有一個實體出於政策上的原因或者是地緣上的原因，處於能夠引入內亞資源和組織的有利地位，那麼它引進的內亞資源就足以使它對其他實體享有巨大的優勢，從而破壞了原先各邦本來可以維持的平衡。在這種情況下，它就會利用自己的內亞通道，重新建立大一統帝國。在這個重建過程中間，它依賴的組織資源就是新一波從內亞輸入的資源。

北魏、隋唐帝國的重建，遼金元帝國的重建，都是循著這條道路展開的。如果它們不是正好處在連接內亞的通道上、同時自身也是內亞部族的一部分的話，它們是不可能做到這一點的。假定東亞大陸是一個巨大的島、沒有內亞輸入的通道，那麼它內部的各邦國之間的衝突會花上很長時間都很難分出強弱來。在這種情況下，形成多國體系、然後多國體系穩定化正規化的機會就會大得多。

◎感覺上十世紀以後東北亞地區才崛起，比如朝鮮的高麗王朝，日本武士階層的成長，女真人的興旺。為何如此？

實際情況是，在人類文明的早期，也就是文字史料出現以前，主要的居民點都位於長城一帶和長城以北的地方。在史前時代，東亞可能像是成都平原或者揚子江中下游一樣，實際上是一個沼澤地特別多的地方，並不適合居住，南西伯利亞和內亞才是主要的人口居住地。後來的東亞人口，基本上不是南西伯利亞人就是內亞人。早期的伊朗系內亞人還多一點，後期南西伯利亞人（滿洲人基本上全是南西伯利亞人）的比例漸漸上升了。從歷史一開始，黃河中下游這個充滿沼澤地的地區就是北方西伯利亞和西北方內亞的殖民區域。

由於以前我們讀到的大部分漢字敘事體系在考古學方面的資料比例極少，主要依賴文字材料，而文字材料又是十世紀到十二世紀之間印刷術產生以後，片面地集中在竹木產量集中的地區，也就是宋、明時期，然後又引起了另一次比例感的扭曲。結果，依靠各種材料編纂起來的史料大體上來講沒有抓住主線，並把主線零零碎碎地分散開了，甚至有些段落的主線都散落了。而支線和完全不重要的細節材料，比如狸貓生子、宮廷鬥爭諸如此類的東西，失去比例感地大量填充進來。結果就造成了「二十四史」這個歷史結構的錯誤印象。實際上，這個歷史結構跟所謂《聯共（布）黨史》的歷史結構一樣，也是拼接產生的。

東北亞真正的歷史變化實際上是，它本來是南西伯利亞的一個毫不重要的附庸，在渤海契丹以後漸漸開始成長起來。同時，受到內亞沙漠化的影響，漸漸在十五、十六世紀以後開始出現超過內亞本體的趨勢。但是，如果把內亞和東北亞看成一體（因為東北亞本來就是內亞的附庸），整個內亞範圍可以從裏海和鹹海之間地「外地中海」地區，一直延伸到滿洲海岸。這個地區從史前時代開始相較著東亞這片沼澤地的時候，一直是人類居住得更早、而且技術更先進的地方。十世紀以後的變化主要是，過去滿洲各政權（包括渤海、高句麗等政權）的宗主國——突厥回鶻聯盟衰落以後，特別是大量的拜火教、摩尼教的商人和回鶻帝國所建立的這個聯盟解體以後，伴隨著內亞的沙漠化，這個宗主國本身的勢力相對衰落了。真正的變化在這一方面，而東亞窪地跟內亞和東北亞整體之間的相互關係倒是沒有發生很大的變化。

◎「帝王學」大約在何時出現？在日本、英國這類國家，封建領主、國王、天皇等不需要練習這類帝王心術嗎？

帝王學只能產生於孫子兵法以後的文明季候，就是春秋時代即將結束或者已經結束、戰國時代即將開始或者已經開始的時代。最初的部落時代和封建時代是談不上帝王心術的，那時候的酋長本身就是血緣家族的領袖，國君則是酋長的變形。一個族長很難相信他自己的族人會對他不忠，就像是父親很難相信他的孫子會對他不忠一樣，他們的利益是天然聯繫在一起的。只有等到封建衰退、平等主義和理性主義盛行以後，領導人不再是天然的領導人，而是根據才能和功績的領導人，這個時候，領導人就變成那種可以通過手段得到的東西了，也只有在這以後，僭主政治才會產生，進而出現有帝王學、馬基維利之類的東西。

天皇和周天子是不用帝王學的，這就像是聖路易和懺悔者愛德華這樣的封建君主不需要有帝王學一樣；秦始皇這樣的專制君主相當於路易十四，就是一個過渡階段；在秦始皇以後，得到天下都不再是憑藉著天生的權利，而是憑武力和智謀，因此他們就需要有帝王學了。在歐洲就相當於是，拿破崙以後的平民僭主就需要有帝王學了，以前的封建君主是不需要有帝王學的。

帝王學的產生是上層政治的一個標記物，它本身並不是政治演化的動力，而是政治演化已經由封建階段演化到專制階段的一個標記。封建主義的道德觀是習慣法的道德觀，也就是孔子說的那種君臣以禮相待、根據等級制度的原則產生的道德觀。這時，君臣個人都產生於特定等級，各等級都有天然的權利，就像是貴族即使不到凡爾賽去做官、他回到自己的家鄉仍然有自己天生的階級身份那樣。然而，在專制制度建立以後，所有的官員都是出身平民。憑藉個人的功績、才能上位的人，他們除了在朝廷做官以外，沒有地方可以退，退回去就是一介平民，等於是一無所有了，所以他們跟以前的貴族不一樣，必須不擇手段地維持自己的地位。專制時代的國君，也就是劉邦、朱元璋這種憑藉自己的才智、能力和運氣、以及特別是憑不擇手段的能力來打天下的角色，不再像是周天子和日本天皇那樣有天生的權利。

因此可以說，周天子和日本天皇像歐洲的君主和貴族一樣是安全的，劉邦和朱元璋則是不安全的僭主。所以等到埃及的政體發展到這個階段的時候，它的封建主義的道德觀念，也就是孔子和他的門徒最讚賞的那種周天子和他的群臣以禮相待的道德觀念，自然就不存在了。取而代之的是劉邦和朱元璋時代，君主為了打天下不擇手段，誰最心狠、誰最厚黑誰就贏，大臣和官僚為了做官而不擇手段，誰最心狠手辣誰就贏。在這種新的時代，張獻忠式的大屠殺或者人口滅絕才會成為可能。在周天子和封建的時代，一方面等級制度的道德觀念不允許他們這麼做，另一方面他們也沒有強大的國家機器來支持這樣做。

◎稻米文化對中國古代的社會組織有何影響？

稻米文化，它的優點是什麼？它的產量要比小麥要高得多，因此技術上講，稻米文化區可以養活比小麥文化區大得多的人口。但是稻米文化要求密集和集中的勞動，它支持勞動密集型。而且稻米種植區很難實行農牧混合，也就是說，稻米種植區通常是只有大量的稻米產出，但是缺乏牲畜和肉類。所有的體力勞動都必須由人力來幹，而不是由畜力來幹。這對前近代的技術進步是一個致命傷，一方面你搞出了勞動密集型和內卷化社會的格局，同時大多數技術進步都是圍繞著畜力和機械的使用的。畜力和機械之所以被使用，一方面是因為小麥的產量不是很高，當地有大量的牲畜來補充小麥種植的不足；另一方面是當地有磨坊或水利，其他的機械設施，通過牲畜養殖和機械設施，培養前現代第一步近代技術。

這個近代技術是近代工業革命的基礎，沒有這個基礎的話，工業革命是搞不起來的，工業革命也不是平地起來的。在所有勞動力都用於密集型水稻勞作的地區，很難存在這樣的基礎。而且當地居民的營養飲食結構也不正常，稻米的產量雖然高，但是營養卻低，缺乏優質蛋白質，除了像豬這樣的少量雜食性動物以外，很難飼養別的東西。所以當地居民，一方面是營養結構不夠，另一方面它很難形成一種有利於技術進步的社會環境。

所以東亞的水稻種植區，它從來不是新技術的產生地，但它培養出的居民，有著高度的紀律性和能夠忍受高強度的勞動，能夠在固定的時間做單調枯燥的工作，容易適應血汗工廠的勞動條件。要培養這種集體性格並不簡單，資本主義來到非洲的時候，習慣於原始部落自由生活方式的部落民基本上沒有辦法理解，為什麼一個人應該在同一台機器面前連續坐上幾個小時，他們在部落裡面打獵的時候從來不是這麼幹的，因此他們很難成為好工人。但是種植水稻的農民很容易成為好工人，但是這種人基本上沒有可能開創工業革命。

◎您說中國是「文明的灰燼」，這是中國獨有的現象嗎？

其實這種情況不僅是中國。印度、波斯這些地方，凡是有過古老的中央集權型帝國的，都有類似的現象。我上次去東非的時候，就有一個同行企業家說是，誰最無賴呢，他說了幾個地方，印度人、波斯人、阿拉伯人、中國人，都是最無賴的地方。純粹的窮國反倒不無賴，像東非的坦尚尼亞這類地方，比中國、比印度都還要窮得多，但它的人不無賴，它是原始部落民出來的，他可能很窮很笨很野蠻，但他不會耍賴皮耍小聰明。有耍賴皮耍小聰明這種東西的，在歐洲那就是希臘、義大利、法國等有著帝國傳統的地方，而在日爾曼蠻族所處的北方地區就不是這樣，而在東方，當然最典型的就是東方古老專制帝國的代表——中國。

真正的野蠻人可能會直截了當砍你殺你，但是不會是耍無賴。因為這是一個「囚徒悖論」式的循環：我先下手騙你，你自然要更早的先下手來騙我，最後大家都這麼想，相互都不信任，反而就得到了對所有人來說最糟的結果。反而一個很愚昧很野蠻的小團體，因為他們彼此之間相互信任，那就像是滿洲人入關一樣，輕而易舉的，幾萬人征服幾億人都沒問題。為什麼？因為你哪怕有幾十萬軍隊，就因為兩個總兵不和，誰都害怕對方先投降了滿洲來打自己，所以大家都搶著先投降了。

二、任何技術傳到中國都會不可避免的退化

◎您創造的名詞「瓦房店化」是什麼意思？這個概念又如何解釋中國歷史的問題？

「瓦房店」是當年日本人在滿洲建立「滿洲軸承製造株式會社」的地方，至今它還是紅色中國生產軸承的核心區。其他地方的軸承廠，比如說像洛陽軸承廠，就是瓦房店軸承廠援建的。這跟中華人民共和國的很多工業一樣。比如包頭和太原的工業基地，都是由過去滿洲國的工業資源發出去的分支機構。可以說，滿洲國的工業體系是紅色中國工業體系的核心。但是論品質來講的話，其實還不如滿洲國時代的品質好。當然，這個現象不是第一次了。別的不說，就拿玻璃來說，歷史上一次又一次輸入中國，但又一次又一次失傳。

這絕不是唯一的技術方面。從最核心的演化機制來講，所謂的「瓦房店學」直截了當地說就是指——技術退化。

考古學家都知道，殷商的青銅器是非常精美的；西周的青銅器時代較晚，反而不如殷商；東周的青銅器簡直是一塌糊塗。這根本違反了一般人的常識，就是說技術發展應該是持續進步的。但這在中國是例外，就像梁啟超所說的那樣，為什麼中國幹什麼事情都是——最初幹得比較好，往後反而越來越退化？這裡面必定是有原因的，而且這個原因絕不像是有些人所說的那樣，是儒家學者好古成癖，故意抹煞歷史事實，把古人本來簡陋的東西說得很好。像青銅器這種東西，是國之重器，「鼎之輕重，未可問也」，那是國家最重要的東西，是不能隨便苟且的。而把地下挖出來的青銅器拿出來比較，工藝的退步也是騙不了別人的。別的不說，就說藝術品，同樣是東胡系列的鮮卑人和滿洲人，北齊的佛教藝術品比大清王朝的佛教藝術品精美得多，好像又是越往後越差勁。這裡面當然是有原因的。

我不謙虛地說，好像在我以前沒有一個人把這件事情解釋清楚。我認為我是能夠解釋清楚的。大概根本上就是兩個因素。第一個因素是內因，就是技術演化有它自己的社會載體。這個社會載體就是我稱之為是封建團體的載體。這樣的團體，我們在日本文學家川端康成的小說中就可以看到，在他那本描寫京都的小說《古都》裡，有一個狂熱地獻身於紡織藝術的工人，家裡世世代代都是搞紡織品的，從來不幹別的。這樣的企業家族在日本是非常常見的，在明治維新前就已經存在許多大大小小的企業家族，他們在封建主義的競爭之下世世代代做工匠，所以技術極其精湛。歐洲技術的起源也是中世紀的封建團體，像紐倫堡的鐘錶匠行會之類的，它們更是享有許多社會特權。

中世紀的社會結構是嵌模式的，貴族有貴族的特權，手工藝者有手工藝者的特權，封建城堡有封建城堡的特權，自治城市有自治城市的特權。例如，自治城市通常是由各行會聯合組成的。鞋匠行會、皮匠行會和各式各樣的行會，也有各自的代表；這些行會代表再組成市議會，市議會就是紐倫堡市、漢堡市或者其他自治城市的核心。這些自治城市從皇帝和教皇那裡拿到特許權，管理自己的事務。它們的權力是幾百年一貫，長期穩定，不會受到干預的。但是在現代社會當中，符合這種條件的只有醫師協會和律師協會。它們的加入門檻始終很高，行業成員有極大的安全感，因此它們可以世世代代從事技術積累。

而中國的最大特點是去封建化。封建制度和官僚制度是相互矛盾的，大一統帝國的特點就是要破壞原有的封建權利。中國的每一個大一統王朝都是起源於內亞方面的征服者，包括最古老的殷商王朝和西周王朝。然後是鮮卑人的北朝隋唐，然後是沙陀人產生的五代和北宋，再往後就是蒙古人和滿洲人。我們知道，封建主義衍生於部落的定居化。歐洲日爾曼人的封建主義也是這個樣子的。在入關的當時，王朝的初期，就像是周人剛剛接替殷商一樣，是封建主義的；周秦之變是一個典型，就是逐步由官僚集權制取代封建制；唐人在北朝時代也是封建的遺風很重，到武則天和唐玄宗以後逐步變成科舉官僚的天下；沙陀人轉變成北宋；滿洲入關，由各部落貴族親王議政逐步轉化為科舉官僚。都是這樣一步一步來的。這個過程就伴隨著社會本身的演化。演化的結果就是，享有特權的工匠團體逐步消失，社會只有兩個階級存在，一是做官的統治階級，二是編戶齊民。擁有特權的工匠如果不轉化為官僚的話，在這方面是非常吃虧的。你的投入比編戶齊民要大得多，但是你得到的待遇是一樣的。

我對這一點非常清楚，因為我就是技術人員出身。在共產黨官僚機構的編制當中，我就會發現，你有兩種選擇，要麼去做領導，要麼去做機關幹部。千萬不要做技術人員，因為做技術人員的待遇跟行政人員是一樣的，但是他的責任比行政人員要大得多。也就是說，你要辛苦得多，比別人要大得多的投入，卻只能得到同樣的待遇。如果你要升官的話，你為什麼不索性去做官呢？如果你只想偷懶的話，那麼你直截了當地像普通官僚一樣偷懶就好了，無論如何你不要去搞技術。況且在你搞出技術以後，上級也沒有能力鑑別技術方面的好壞。

比如說，像北宋的楊家將最初是沙陀人留下來的蠻族武士，後來就變成士大夫，還有像隋唐的何稠*本來是西域來的商人和技術員，後來也變成士大夫。這種現象在歷史上是非常普遍的，因為這樣更加有利可圖，所以大家都會這麼幹。那麼留下來做工匠的人是什麼人呢？那就不是歐洲和日本那種精英了。歐洲和日本的工匠，論地位雖然沒有武士和貴族那麼高，但是他們的特權是極其鞏固的。在自己的行內，有責任感的、有敬業精神的工匠就像是有高度成就的騎士和武士一樣，是受人崇拜、待遇極好的。而中國就不行。中國凡是不能做官的工匠，待遇跟普通小民一樣，你還要更辛苦。必然的選擇就是，如果我做

* 何稠，益州郫（今四川成都郫縣）人，北周至唐初的巧匠、高級官員。曾參與建造隋文帝的泰陵，以及隋煬帝征伐高句麗時的觀風行殿和六合城。其家族是典型的西域商人及匠人世家。

不上官的話，我就偷工減料，把技術品質降低下來。

像何稠他們搞的波斯錦緞就是這樣的。許多讀起來像現在《人民日報》一樣的史書，說大唐的錦繡產品已經超越了波斯。但是考古學家挖掘出來的錦緞證明，這就是波斯錦緞的一個瓦房店版本，也就是粗製濫造的版本，比起他們的祖先在南北朝亂世剛剛進入巴蜀的時候（那時候還攜帶著波斯人的全套手藝）品質還要差。為什麼宋人和明人後來的盔甲品質為什麼搞得那麼糟，還不如邊界地帶野蠻部落的鐵匠搞出來的好？原因就在於，鐵匠的訂貨者是封建領主，封建領主自己是要上戰場的，不能接受讓他自己送命的劣質產品。而官僚則是讓別人去死，剋扣一點軍餉，發一些劣質貨給士兵們，同時提倡文治，盡可能強調不打仗，就可以忽悠過關的。結果反而是，廣土眾民、錢多人多的大一統帝國，軍械品質卻不如滿洲人和蒙古人。

這些就是瓦房店化的產物。在王朝的初期，品質還沒有那麼壞，但在承平日久以後，品質反而越來越壞。因此，官僚專政的結果就是你有兩條路可走：要麼是想要高回報的話，那麼你就去做官；要麼想要低投入的話，那麼你就去做編戶齊民。但是做工匠和技術人員要高投入、卻只能得到低回報，這是最不划算的事情。一個人要麼把回報增高，要麼就把投入降低。而現代的科學技術往往來自於歐美和日本，而且只有日本能夠模仿歐美，這是很有道理的，因為它們的社會結構從根本上來說都是源自於封建傳統。即使是現代，精密製造業的根本簡直就出不了德國和日本兩個國家。這都是有長期歷史積累的背景，不是僅僅靠模仿就能在短期內學來的。因此可以說，內生的演化因素是，大一統帝國傾向於解散封建團體，最終導致了技術的退化。

外生的演化因素則是，在技術邊緣地帶，自己發展技術不如引進來得便宜。即使有些人自己能夠發展或者維持技術，你發展技術的速度趕不上技術中心向技術低地輸出技術的速度。比如說，我如果花上十年時間去改善一項技術，再過十年，領導派一個新來的大學生到國外去留學一下，拿出來的技術都會更先進。我可以把這個說法具體一下：我好不容易搞出來的東西，後來幾個台灣人跑到這裡來轉悠了一圈，馬上就搞出比我十年辛苦搞出來的先進得多的東西，於是我白費心力了。我心裡那個氣，我花了十年或二十年的時間，在極其艱苦的條件下搞出一個技術進步，然後一個比我年輕二十歲的毛頭小子什麼也不懂，他唯一的資本就是，台灣人來的時候，他說動領導拿了一筆經費去買了一台機器回來，他馬上就騎在我頭上了，我是不是傻瓜？從領導的角度來講，以最快的速度得到最先進的技術，那當然比較划算。你自己開發的，靠不住，速度慢，品質低；而從外面來的，我也不管外面的技術是怎麼產生的，我只要效果，那當然是進口貨好。自古以來一直都是這個樣子的。從殷商和周人的戰車開始，從青銅器開始，從玻璃技術開始，一直都是這樣的。於是本土工匠有什麼理由去發展技術呢？就算是在別人做官的時候你甘願吃虧不做官，去發展出技術，來一個洋專家，他的學徒就能夠輕而易舉地把你打垮。

結果就是，技術沒有傳承，每一代人的技術都是從外面引進的，然後及身而絕。下一代人如果要發展技術，最便宜的做法就是再去外面引進。雙方發展的速度不一樣，你這裡發展的速度慢，再過二十年，你發展出來的東西又落伍了，再去引進一批，然後你原來產生出來的東西又落伍了。別的不說，就說我們現在親眼看見的，五十年代輸入的蘇聯那些技術，基本上已經被七、八十年代以後輸入的西方新技術全部打垮了。現在我們崇拜的所謂民國大師，其實都是晚清時期從西方輸入的那一批，然後被蘇聯輸入的那一批喀嚓掉了。蘇聯輸入的那一批現在又被喀嚓掉了。每一代新的知識份子和科技人員都是從頭從洋專家那裡學來的。本土發展出來的那些萌芽還沒有來得及長大，就得不到回報而夭折了。因此，瓦房店化是輪番不斷的。外來技術的不斷侵入，進一步使本來就發展得不怎麼樣的本土技術根本沒有市場，反反覆覆入侵。

不過，這個現象不僅是中國特有的，例如拉丁美洲也就是這樣的。拉丁美洲不發達，跟西方核心地帶不斷的技術輸入是很有關係的，也是自己發展不如買。這個現象基本上是，除了在全世界始終占極少數的技術中心以外，全人類大多數的命運都是這個樣子的。自己發展不如買，而買的結果是阻斷了自身發展的可能性。在這兩個因素之下，你沒有別的選擇。

◎金屬冶煉技術如何傳入東亞？兩千年前內亞地區的冶煉技術，是不是已經大幅度領先同時期的東亞地區了呢？

在史前時期的東亞，最早的人類是從東南亞沿著海路遷徙來的，包括百越各民族，也就是傳說中的越王勾踐那一系。當然，他們的冶煉技術是從印度這條線過來的。而在歷史時期開始以後，冶煉技術的革命都是匈奴人或者內亞其他民族這一系從內亞輸入的。所以，從歷史開始你就看到殷商西周的殖民，然後就看到諸夏對百越的殖民，然後又看到鮮卑人、匈奴人以及後來的蒙古人與滿洲人不斷地南下，內亞人以東亞為根據地征服東南亞。有文字記載的歷史，基本上是一部內亞殖民者占領東亞、然後殖民東南亞的歷史紀錄，也呈現了技術傳播的過程。在進入歷史時期以來的幾千年這個時期，也就是西亞在一萬年以前出現文明後，過了幾千年文明開始東傳以後，西亞和內亞超過了原先十萬年以前甚至更早以前就開始沿著印度海岸東移的百越人，取得了技術優勢，造成由北向南的殖民，這個殖民的方向跟武器技術傳播的方向是基本一致的。

然後在西元一千五百年以後，局勢再次顛倒過來，海路再次勝過了陸路，內亞逐步荒殘。首先是從地中海經過印度洋的路線，然後是歐洲人從大西洋穿過好望角的路線，整合了整個印度到東南亞的路線。這是日本所謂的「鐵炮傳來」的南蠻文化的時代，「南蠻」就是西方人和接受了西方武器的東南亞各酋邦，這也是明朝開始使用安南火器構成神機營基礎、日本戰國大名開始使用鐵炮——也就是西洋火器技術的時代。在這以後，海路超過了陸路，先進技術又變成從海路來的。也就是說，在史前時代以及西元一千五百年以後的先進技術都是從海路來的；但是在這兩者中間的階段，也就是歷史時期到西元一千五百年之間，先進技術主要是從內亞陸路來的。這就體現為司馬遷所謂的「收功實者，常於西北」，所謂的歷史規律永遠是北方征服南方。當然，這個規律在一千五百年以後就變成最靠近歐洲人的勢力最占上風了。

◎剪刀是不是也是從內亞傳過來的？

唐代杜甫詩云：「焉得並州快剪刀」，其中並州就是指雁門關一帶，曾是煉鐵業的中心。而且你還真別說，現在我們所說的剪刀，儘管在地中海地區產生得很早，但是傳到東亞的時間已經是北宋以後。北宋時期的情況就是，遼國和金國有現代化的剪刀，就是我們現在都熟悉的中間有一個樞紐的這種剪刀（雙股剪刀）；而東亞中國人的剪刀只是把鐵條彎成「8」字（交股剪刀），用起來不方便得多，更不要說鐵器的品質始終是內亞強於東亞了。

◎鐵器是如何傳入東亞的？為何是先傳入中原地區而非嶺南地區？

鐵器最早產生於西亞，大概是在黑海北岸到安納托利亞的雅利安人聚落當中。鐵器產生的時間比起青銅器和馬車都要晚得多，順著內亞路線傳播比起順著東南亞路線傳播要更加迅速，所以鐵器產生以後優勢常在內亞一方。但是東南亞路線也是有鐵器的，比如楚人和越人都有鐵器，歷史上也有他們製造各種鐵劍的傳說。只是相較於更早的西台人、安納托利亞人，古東南亞的鐵器發明在世界歷史上的地位顯得不那麼突出。

中原地區，也就是黃河中下游的中國核心地帶，他們的鐵器傳入因為時間比較晚，考古學證據也充分，因此傳播路線是很清楚的，就是在周朝的中後期從包括晉北在內的這條內亞線輸入的。而楚國與南方長江流域和珠江流域的鐵器，有一部分可能是通過漢東走廊輸入的，有一部分可能是通過東南亞傳統路線輸入的。這樣，鐵器自然而然在東亞就形成了兩個不同系統。

◎古代中國的製糖技術是否也是從內亞而來？

大概就在杜甫那個時代，伊朗的製糖術開始有了一定的發展，產生出了唐人稱之為「石蜜」的結晶蔗糖。甜甜的，像蜂蜜一樣甜；但是硬硬的，像石頭一樣硬。這個東西也就變成了唐人的一個主要進口品。我們要注意，當時並沒有甜菜糖，類似甘蔗的作物是一種亞熱帶作物，它自古以來就廣泛分布在從美索不達米亞南部到印度、一直到揚子江流域的廣大地區。平時這一帶的居民摘幾根像蘆葦一樣的甘蔗，在嘴裡面嚼一嚼，嚼出一點甜味，都是常有的事情。但是要真正生產出來，那是需要技術的。這個技術可能是來自於伊朗，因為從東亞角度來講，他們進口的糖主要是來自於印度西北部、外伊朗的錫斯坦（Sakastan）地區一帶。印度南部種甘蔗的條件雖然不錯，但是卻沒有發展出生產技術。無論如何，在這個邊界地帶發展出來的製糖技術，逐步地刺激了東亞內部的製糖業的發展。

但是這個製糖業的發展就是一個中古式的瓦房店發展。例如，巴蜀和南粵都是有類似野生甘蔗這種東西的，蘇東坡時代的佛教和尚已經開始以糖入藥了；然而這時，在安史之亂以前已經由少數達官貴人和豪強掌握的瓦房店製糖技術卻已經失傳。但他們留下來的經過改良的甘蔗品種還留在安史之亂以後、內亞通道斷絕以後的民間。一般的小戶人家不懂得怎麼栽培，往往導致蔗種退化，但是多多少少還有一點甜味。

這時，歷經瓦房店退化以後的甘蔗產業，就只能依賴環境條件。巴蜀和南粵兩個地方都是很適合於甘蔗生長的地方，因此蘇東坡時代的蜀菜是跟近代川菜用辣為主恰好相反，宋明兩朝的蜀菜是以多用糖而著名的。蘇東坡作為蜀人，後來離開巴蜀到處跑，是經常給人留下這方面的印象的，就是說他們太喜歡吃糖了。這當然是因為氣候條件適合於生產甘蔗的緣故。但是來自錫斯坦、需要有水磨和水動力系統的白糖生產技術，差不多也就是在兩宋之間在巴蜀失傳的。蘇東坡本人還見過唐式的石蜜，那是在佛教寺院裡面。

眾所周知，佛教有兩個來源，第一是內亞，第二是東南亞。這兩條線路其實也是自古以來、直到現代的技術向東亞輸出的古典路線。蘇東坡本人是上層士大夫，跟佛教的和尚有著親密的聯繫，他自然能夠在跟內亞和東南亞保持密切聯繫的佛教寺廟中見到石蜜、白糖和冰糖的最後一點點殘餘，但是一般的老百姓是見不到的。等到了南宋的時候，經過進一步的瓦房店化，最後的石蜜也在文獻中消失了。但是蜀菜直到明代還是以用糖為主的。這時用的糖就不再是白糖和冰糖，而是紅糖了。我們都知道，紅糖的製作技術比白糖和冰糖要簡陋得多。從甘蔗裡面榨出汁來，用草木灰之類的東西過濾一下，它自動就會成為雜質很多的紅糖。但是要變成精煉的白糖，那就需要有更高的技術。這個技術在南宋末年就已經失傳，並且在明代兩百多年間內，基本上沒有人知道。

這時，原先在唐國曾經存在過的伊朗式製糖工業，被家庭手工業作坊式的紅糖軟糖業取代。後者的優越性是什麼？就是你可以運用時間無限、工資趨近於零的勞動力——就是農村的婦女兒童來辦這些事情。農地裡面隨隨便便種一些品質也不怎麼佳的甘蔗，但是終歸是有點糖。農閒時刻，農家在冬天是無事可幹的，把婦女兒童發動起來，把這些糖汁熬出來，然後沉澱成為軟糖，這當然是紅糖，然後捏成糖人什麼的。賣不出去就自己吃；賣得出去的話，三文不值兩文地賣掉，雖然不是什麼好價錢，但是終歸比沒有要好一點。這就像是俄羅斯農民在冬天織亞麻布衣服一樣，這叫做閒著反正也是閒著。這種零成本的、分散的、低技術的勞工生產出來的糖業，在明清時代是東亞糖生產的主力。

當然，這樣生產出來的糖品質不佳，品質參差不齊，形不成品牌。因為誰也不知道，你小子做出來的糖，今天是什麼品質，明天是什麼品質。當然在國際市場上是賣不出去的。在國際市場上能夠賣得出去的是什麼呢？是歐洲殖民者的糖。雖然歐洲本身缺乏種植甘蔗的氣候條件，但是歐洲人有科學的頭腦和開發科學技術的能力。歐洲人在殖民地開發出了一套品質管制體系，能夠生產出品質有保證的糖。因此，歐洲糖，首先是海地糖，然後是夏威夷糖，最後是爪哇糖和菲律賓糖，行銷國際市場，占據了國際市場的大頭。最後，隨著皇家海軍來到全世界，包括大清國，洋糖行銷世界，洋糖來到了上海和廣州，城裡面的有錢人紛紛吃起了洋糖。鄉下的土糖，捏糖人這些傳統的農村手工業，可以說他們的蔗種是伊朗的瓦房店化，完全競爭不過英國商人和香港商人（比如說香港太古製糖廠）用爪哇糖和菲律賓糖做成的大量洋糖。

◎據說中國鑄鐵技術的發明在西元前五世紀，而歐洲則遲至西元後的十五世紀。這反映了中國從塊鐵到鑄鐵發明的過渡只用了約一個世紀的時間，而西方則花費了近三千年的過程。這是真的嗎？

這是極其荒謬的事情。真正的情況大體上來說是這個樣子的：所謂的鑄鐵，工業和科技意義上的鑄鐵是一個有嚴格定義的詞，它不是一種鑄鐵，而是很多種鑄鐵；而每一種鑄鐵都有具體的技術指標，只能用於某些特定的目的。它是近代以來隨著瑞典和比利時礦山的開拓，在歐洲中世紀晚期和近代早期開始發現的，在這以前其實沒有真正的鑄鐵。

中文所說的那些「鑄鐵」，實際上指的是「廢鐵」，這是什麼意思呢？就是我煉出了很多種不同的生鐵，大多數都不可用，這些廢鐵我把它們重新合起來，像是煮愛爾蘭雜燴菜或煮火鍋一樣，別的菜剩下的邊角料我統統扔進去，這種東西就被叫做鑄鐵了。它為什麼會被留下來呢？因為它多少還是鐵，雖然水準很低，但總比木頭硬。然而，即使按照古代那種很差勁的標準來說的話，你用來做什麼送給吳王夫差的寶劍之類的，那是千萬不行的。吳王一看到你把這樣糟糕的東西送給他，肯定要砍掉你的腦袋。但是對於普通老百姓，能夠用上不是木頭的東西，一種廉價的爛貨，就已經不錯了。

為什麼中國說它的鑄鐵最多呢？答案是，因為中國古代的所謂煉鐵術是一個碰運氣術。所謂的「百煉鋼」之類的是什麼東西？東亞古代其實是既沒有鋼也沒有熟鐵的，因為它們都要有一定的技術指標，特別是在溫度方面，而東亞古代從來沒有達到過這樣的指標，所以它煉出來的只是各種不同品相的生鐵。有些生鐵比較軟，就被叫做「熟鐵」了；有些生鐵比較硬，就被叫做「鋼」了。而這些極少數比較硬的、被稱為「鋼」的生鐵是怎樣煉出來的呢？答案是，靠運氣。

我們都知道，科學的前提就是可重複性。這一次我碰巧做出了什麼，下一次我做不出來，這可不是科學。但是東亞古代的工匠就是這樣的。靠運氣搞出幾個比較硬的生鐵來，這個東西可用，我就把它煉成一把寶劍。下一次要煉同樣的東西，我也沒有別的辦法，只有反反覆覆地用水去沖，多煉幾次。所謂的「百煉鋼」就是這個意思。「百」不是你真的只煉了一百次，而是說你不知道煉哪一次能煉出什麼結果來，於是你多煉幾次，一百次、二百次、三百次，當中總有那麼百分之幾的生鐵比其他的生鐵要更硬更好一些，然後你就把這些更硬更好的生鐵叫做鋼，把這些精選的生鐵做成送給國王或者貴族的禮物，於是就叫做「百煉鋼」。這個跟西方近代才產生出來的煉鋼術不一樣，但是這並不妨礙許多中國古代科技史的作家用西方近代煉鋼術的各種標準去命名。

「鑄鐵」也是這樣的。如上所述，由於中國古代的煉鐵術是這樣的垃圾，直到宋代《夢溪筆談》這種古代科技史的重要資料都記載，煉鐵的結果，能有原來的三分之一就不錯了，而其他三分之二都煉成廢料了。那些廢料拿來幹什麼呢？就按照我剛才說的辦法，廢料熔在一起，煮一鍋愛爾蘭大雜燴，反正它們比木頭硬，總有一些窮光蛋老百姓會買。於是這些東西落到了中國考古學家手裡面，他們就面不改色地說，這些東西的名字就叫「鑄鐵」。其實它們是什麼東西？就是中國考古學者楊寬給毛澤東建議：「按照我國古代的偉大科學技術，讓貧下中農每人在後院裡面都可以煉鋼鐵。」於是，使用這種土高爐亂七八糟地煉出來的品質不等、但是多多少少總比木頭硬的鐵器，都被稱為「鑄鐵」了。這些「鑄鐵」按照近代工業的標準來講全都是廢鐵，但是因為廢料占了中國古代冶金術常規的三分之二以上，利用廢料、用上等人和外國人不要的假冒偽劣商品來供應市場，在中國自古以來就是非常發達的。而同樣的事情由軍事貴族占統治地位的西亞和歐洲就不大能行得通，所以人家煉出的鑄鐵那就是在比較晚的時間煉出的真正的、工業能用的鑄鐵。要知道，這已經十六世紀查理五世時代後很多年的事情，是軍事上和工業上需要這樣的硬貨的時候才真正搞出來的。而你那些所謂「鑄鐵」就是當吳王夫差的佩劍都不夠格的各種混雜偽劣版的生鐵。無論你名字上叫什麼，實際上都是不能用的。這就是許多中國古代科學技術史所描述的「先進技術」。

◎玻璃製造工藝在東亞歷史上經歷了怎樣的演化過程？

隋唐時代的何稠家族，在過往南梁簡文帝和湘東王那個時代是會造玻璃的，但是到唐代時他們已經不會造玻璃了，只是史書還記載他們的祖先曾經會造玻璃。他們在剛剛入蜀的時候也是很會造伊朗織錦的，然後到隋唐宮廷裡面造出來的就是退化版本了。而北魏過去在平城的時候，大月氏技術員已經把玻璃技術（這不是第一次也不是最後一次）輸入到平城。但是漢字歷史卻面不改色地記載說，平城的玻璃價值低賤，以後大家都不把玻璃當成寶石了（《北史．大月氏傳》：「世祖（北魏太武帝）時，其國（大月氏）人商販京師，自云能鑄石為五色琉璃。於是採礦于山中，即京師鑄之，既成，光澤乃美於西方來者。乃詔為行殿，容百餘人，光色映徹，觀者見之，莫不驚駭，以為神明所作。自此，國中琉璃遂賤，人不復珍之。」）。

然而真實的情況是：南梁建康梁武帝的宮廷裡面，佛教和尚帶了一塊玻璃，梁武帝計算了一下，他的整個國庫都買不起這塊玻璃。這塊玻璃到了東亞，就像是法國藍玻璃在清朝末年來到揚州一樣，只有揚州的富可敵國、連乾隆皇帝都要佩服的鹽商能夠給何園這樣的豪宅買上四、五塊法國藍玻璃。但是你跑到歐洲去，法蘭西的藍玻璃在波希米亞和德國各地的教堂裡面，老天爺，哪座教堂沒有大片大片的藍玻璃？而且還不光是藍玻璃，藍玻璃上面還燒製著各種美麗的圖形，例如三王來朝或耶穌和瑪利亞。波希米亞和德國南部的天主教堂裡面到處都是這樣的藍玻璃，並不怎麼值錢。這樣的藍玻璃到了大清朝，就只有揚州鹽商才買得起小小的四塊玻璃，巴掌大的四塊玻璃簡直讓他們傾家蕩產了。他們如果知道歐洲人的藍玻璃這麼賤的話，簡直要氣死。梁武帝要是知道平城的玻璃、更不要說是波斯和東羅馬帝國的玻璃有多賤的話，那也是要氣死的。

◎您說東亞持續技術退化，無法保持工匠傳統和技術積累。東亞窪地難道沒有任何曾經領先世界的發明創造嗎？比如陶瓷製品？

陶和瓷是兩回事。陶是在文明以前就已經產生出來的，各地風格不一樣。論時間來看，古陶器在東亞產生的時間還是遠比西亞晚，只是比美洲要早而已。而且論順序來說的話，古陶器首先產生是在今天的甘青地區以及沿長城一線，然後才慢慢進入黃河中下游的。

瓷器的起源因為已經是歷史時期，所以瓷器製造技術的來源很明確。是南北朝時期敘利亞和波斯的玻璃製造技術輸入，然後退化，才在北朝的太行山麓一帶地區形成了主要的瓷器製造基地。這是唐國主要的瓷器製造基地，重要原料和技工仍然依靠伊朗和外伊朗的輸入，所以在安史之亂以後急劇退化了。

唐瓷和宋瓷不是一個來源。唐宋之間，以所謂的河北瓷器基地為基礎的瓷器一度銷聲匿跡，平民百姓大量使用粗陋的陶器而不是瓷器。而達官貴人和上層階級使用的瓷器，能夠畫幾隻大雁就已經了不起了，甚至被後來使用宋瓷的宋代詩人嘲笑說：「唐人何其簡陋，誇富貴就誇成這樣子。我們今天橋上賣藝的人用的瓷碗，都比唐朝達官貴人誇富用的畫著大雁的瓷碗要強。唐朝詩人看到瓷碗上有大雁就覺得了不起了，殊不知在我們這個時代，這就是普通賣藝人都有的瓷碗，可見你們唐人有多窮。」（沈括《夢溪筆談》：「唐人作富貴詩，多紀其奉養器服之盛，乃貧眼所驚耳。如貫休《富貴曲》云『刻成箏柱雁相挨，此下里鬻彈者皆有之，何足道哉？』」）

宋瓷才是今天瓷業的鼻祖，其發展過程是在唐瓷完全垮台以後，依託帝國東南部的另一些高嶺土廉價原料基地，在阿拉伯和波斯海路輸入技術的滋潤之下，慢慢成長起來的。然後在蒙古帝國時期，又形成了伊斯蘭化的所謂的青花瓷風格。而明清的青花瓷風格，基本上是蒙古帝國伊斯蘭教工匠留下的遺產。

◎您曾提到巴蜀的三星堆文明比中原文明更先進，這與一般正統史學的觀點非常不同。但是後來三星堆文明消失了，這應該如何解釋？

不僅三星堆文明後來消失了，早期進入東亞的青銅器文明都消失了。它們有個明顯現象就是，最早出現的青銅器非常突兀。因為以前都是一幫住泥巴屋子和地窯、頂多會修一些樹籬的非常原始的居民，然後突然他們一下子會製造非常精美的青銅器和戰車，然後他們子孫製造的青銅器一代不如一代，慢慢消失了。這種現象本身就是支持文明外來的重要依據。

如果你是自然產生的，那麼你在精美的青銅器產生之前，一定會首先產生不那麼精美的青銅器，然後不斷修正進步，越往後越好。不可能是一開始製造泥巴屋，然後突然會造出青銅器，而且又造得非常好，然後又突然變得造得不好，甚至完全消失了。只有一種解釋合情合理：原先的土著居民根本不會造青銅器，而且一直不會造，然後外來文明從西亞帶來了先進的青銅器技術，但是在東亞的環境當中一代代退化了。第一代造的青銅器很好，第二代模仿得就比較差，第三代模仿得不如以前，最後就變得跟周圍的土著沒有什麼區別了。

可以說是，青銅器的冶煉技術可能首先需要國際貿易線輸入的某些原料，說不定需要來自西非或是高加索地區的材料；第二就是，他們的青銅器鑄造傳統需要有某種宗教傳統來支持。而這兩者在移居到遠方以後，都或者是不能維持了，或者是維持的成本漸高而慢慢被放棄了。這種假定非常吻合東亞史前時代的歷史現象。

另外順便說一句，不僅是史前時代，在文字記錄開始以後，內亞技術輸入中國的路線也始終是不變的，主要有兩個入口——一個是西北方輸入線，從天山和崑崙山之間進入，通向關中和上黨；另一個入口則是西南方輸入線，通過印度、緬甸，進入巴蜀、安南、廣州。凡是遠離這兩條輸入線的地方，它的技術進步都要慢半拍。包括我們最常見的東西：

我們坐的椅子和我們吃的小麥都是這個樣子的。

首先使用小麥的地方是在河湟谷地的關中一帶。東部使用小麥是非常晚的。直到唐代的本草還說是小麥有毒，不能隨便吃，需要先解了毒才能吃。這種說法很明顯是因為小麥在當地還很陌生，大家還非常不瞭解它，才會有這樣的傳說。而小麥做的麵餅在唐玄宗的時代還被稱為「麩餅」。從生物學考證的技術上你就可以看出，新疆、西藏、雲南產出來的小麥品種是更古老的小麥品種，跟兩河流域的小麥品種非常相似，而現在廣泛使用的小麥品種是比較晚近的品種。所有這些現象都說明，連這些最常見的農作物，都是從西亞中心一波波輸入的產物。

孔子時代，大家都很清楚，照孔子本人和春秋戰國時代所有作家的記載，當時人的主要食品是喝粥，喝黍米粥，黍米是一種鼠尾草植物，喝起來黏黏糊糊的，使用的廣泛程度完全不如小麥。小麥是全世界大部分地方都使用，而鼠尾草植物，無論是在孔子時代還是現在，除了華北若干地區以外，基本上沒有人用。小麥廣泛在華北種植以後，鼠尾草植物的種植也受到嚴重限制，基本上變成一種獵奇食品了。

同樣的，金銀器、重要的武器、戰車之類的技術都是在西北、西南兩個入口首先產生，然後再漸漸普及到中原的。幾乎所有的技術，甚至包括唐詩也是如此。而所謂的中醫，在唐代增加了印度婆羅門醫術的很多成分，在明代又增加了伊斯蘭醫術的很多成分。東南沿海所謂的海上之路的貿易當中，基本上都是由來自於中亞或者阿拉伯世界的商人替唐朝和宋朝的政府充當商人的管理者和貿易總監。

這些現象說明什麼問題？說明整個輸入並不是僅在史前時代才存在，即使在文字產生、大一統中央帝國產生以後，來自中亞的輸入始終是持續不斷的。唐僧為什麼要去印度取經，為什麼日本人要派遣唐使到唐代？為什麼不是印度人到唐朝取經，為什麼不是中土的和尚跑到日本去取經？這些都是有一定道理的。它本身就反映了文明的「中心—邊緣」結構，這個跟史前時代的兩河流域，在耶利哥開始馴化小麥所形成的結構非常一致，在之後幾千年基本上都沒怎麼改變過。

三、「自古以來」的東西很可能是「歷史神話」

◎中國是「四大發明」的發源地嗎？如何評價古代東亞技術先進的說法？

只有造紙術是真的，其他都是編出來的。而且造紙術的時間也比編出來的故事要晚得多，至於蔡倫之類的傳說完全是胡說八道。但是五代以後的吳越、贛南一帶用竹子批量造紙的方法，這個東西是確實存在的。其他三個都是編出來的。

從根本上來說，「四大發明」就是一種歷史神話。東亞的技術一直沒有先進過，基本上在所有時代都是輸入的多，輸出的少。當然這也看相對而言：儘管相對於西亞來說，東亞是輸入區；但是相對於它周邊的一些小地方，可能對於越南、朝鮮還有日本的話，它也承擔著輸出的作用。從印度或者中亞的角度看，發明是從它那兒輸入東亞大陸的；但是東亞大陸確實也向朝鮮、日本和越南輸出了一些東西。四大發明嚴格說來就沒有哪一個算得上真的。

比如說指南車就只是一個史書上記錄的傳說，從來沒有人真正找到實物。真的按照史書描繪的那種方式來製造的話，你造不出任何東西。因為，指南車並非只要有磁石，就能自動找方向的；即使是一個最基本的羅盤，也需要高精度的機械工藝，才能夠保證它的磁鍼不會因為各種振盪而指向錯誤的方向。指南車是純屬想像的東西，沒有辦法操作。我們現在使用的、真正能夠在風浪中仍然能夠照樣指南的羅盤，還是來自於歐洲。在那以前，其實發現磁石作用的文明是非常之多，但是大多數的工藝技術，都沒有進化到能夠製造出一個穩定的羅盤，在碰上大風大浪或者是沙漠那種情況下仍然能保持穩定的指向。而如果你只能在非常平靜、無風無浪的情況下，在室內讓指南針指出正確的方向，那基本上是沒有用的，你在室內根本就用不著給任何人指方向，需要指方向的時候，你的指南針就不靈了，這樣的東西能有什麼用處呢？所以這個發明實際上是根本不管用的。

火藥則有好幾種不同的起源，誰更早誰更晚一些意義不大。現代人認為真正有價值那種火藥，也是歐洲近代才產生出來的。古代東亞產生的那種火藥，除了做鞭炮以外沒有別的什麼用處。在軍事上講，還不如拜占庭人曾經使用過的希臘火。那種希臘火能夠把硫磺和油以適當比例配比，在海上燃燒，摧毀阿拉伯人和其他敵人的戰艦。東亞古代的火藥還發揮不了這種作用。近代的化學火藥，是在十九世紀中葉由德國的化學家配出來的，實際能夠用的時間比我們想像的要短得多。近代以前各種配方不同的火藥，它的軍事用途是非常有限的。

雕版印刷術被現代的漢文化民族主義者說成是獨創的技術，但是實際上早在雕版印刷術在巴蜀盛行以前的幾百年，就在伊朗和外伊朗已經盛行了木刻畫藝術。木刻畫藝術最初不是用來印書的，首先是用來給上層的商人、內亞撒馬爾罕的那些富有的達官貴人印遺興的藝術作品，在基層就是給拜火教、佛教和各種宗教印宗教傳單和小冊子，也就是看圖說話故事。比如說，伊朗印度文化區有很多基層的民眾，他們沒有什麼文化，瞭解佛經就是通過兩種管道：一是和尚講道，像基督教的牧師講道那樣，用口傳；一種就是用傳單畫的方式。木刻畫印出各式各樣的宗教傳單，有的是偉大的泰什特里亞（Tishtrya）* 鬥惡魔的

* 泰什特里亞為波斯祆教的神祉。在祆教經典《阿維陀經》中記載，泰什特里亞化身為白馬，擊敗化身為黑馬的惡神阿帕奧沙（Apaosha），進而降下雨水，為乾旱的大地重新帶來生機。因此，泰什特里亞又被視為「雨神」及「生育之神」，而其祭祀儀式被稱為Samache，是一種跳舞求雨的儀式。此儀式傳入東亞後則被譯為「蘇幕遮」。

故事，有的則是「目連救母」的故事，還有各種佛陀本身的故事。這樣的傳單從數量上看是占所有印刷品的十分之九。它們基本就是圖畫，但是有的時候圖畫上也像小孩子看圖說話一樣配幾個字。這就是雕版印刷術的起源，它在伊朗印度文化區已經用得很多了。

首先把它帶到巴蜀利亞的是拜火教的商團和教團，然後是佛教的商團和教團。然後巴蜀利亞作為伊朗文化區的代表，在六朝後期開始大量地印這樣的宗教傳單。在唐代中期，他們開始覺得，巴蜀是個出竹子的地方，印紙很便宜。這是巴蜀比印度和伊朗占便宜的地方。印度人經常用樹葉子，伊朗人要進口埃及紙草；但是巴蜀是竹海之地，竹子像海一樣多，生產出來的紙張極其廉價。紙很便宜，於是過去的伊朗印度版畫就印在紙上，極其便宜。因為紙不值錢，那麼除了印畫以外多印幾個字好不好？當然很好。最好是把佛陀所有的講道集都印進去。於是，佛陀本身故事的小說和大量的佛經在巴蜀印刷。

巴蜀和敦煌是鮮卑帝國主義者的兩個印刷中心。我順便說一句，所謂的蔡侯紙首先也是在今天的新疆和甘肅出土的，並不是在洛陽，所以它其實也是內亞產生出來再傳入東亞的。只不過東亞的人工和原材料比較低廉，所以後來才大規模生產起來。雕版印刷術在巴蜀盛行了一百多年以後，直到唐代末年和五代時期才傳入長安和洛陽。我們要注意，唐代中期，你要看印刷品，主要是佛教印刷品，要去敦煌或者巴蜀。而巴蜀的走私商人尤其是無法無天。朝廷頒印曆法是關係到朝廷合法性的事情，他們竟敢私印曆法，而且印得比朝廷更精更好。道理很簡單，曆法，包括屬相、十二生肖這些，都是伊朗文化區發明出來的東西，東亞只不過是瓦房店。他們的曆法也比朝廷的曆法更精更先進，所以他們印出的曆書在民間銷量甚廣，朝廷是屢禁不止。佛經當然就更不用說了。佛經首先是在巴蜀印刷的，然後傳到吳越。等到唐朝末年和五代初期，巴蜀、江淮和吳越生產的佛經大量流入中國。這時，中國朝廷坐不住了，才有馮瀛王印九經*的事情，才通過官方引進巴蜀和吳越的印刷術。

從傳播順序上來講，巴蜀是伊朗文化區的一部分，是它首先引進了伊朗的雕版術，變成了雕版印刷術。在巴蜀的雕版印刷術已經成型以後，才在唐朝末年傳到吳越，然後在五代時期傳入中國。以上順序清楚地記載在日本和尚的遊記當中。日本和尚到唐代來參加遣

* 馮瀛王即唐末五代時期的馮道（882-954），「瀛王」為後周世宗柴榮在馮道過世後，為其追封的封號。相傳馮道曾倡議國子監校定儒家經典，包括《周易》、《尚書》、《毛詩》、《周禮》、《儀禮》、《禮記》、《春秋左氏傳》、《春秋公羊傳》、《春秋穀梁傳》等九種，合稱為《監本九經》，並組織工匠雕版印刷。是東亞古代最早以國家力量印刷儒家經典的紀錄。

唐使的隊伍，尋找文化，主要就是尋找伊朗文化。所謂的日本引進中華文化，其實不過是引進了鮮卑「帝國主義者」二手傳承的伊朗文化而已。因此可知，他們尋找佛經都是去巴蜀利亞的，而不是去長安或者洛陽。東亞一直要到五代以後，主要還是到宋代的印刷術才繁榮起來。而且就是這個印刷術，在很大程度上仍然是要依靠內亞商人。例如傳說中發明活字印刷術的畢昇，被近代的中國主義民族發明家說成是中國技術的先進體現，其實從他們家族的墓葬看來，畢昇大概也是伊朗人，而且很有可能是一個拜火教的信徒。他在開封或者其他地方的經歷，基本上跟何細胡一家*在六朝和隋唐的經歷相同，也是跟赫德爵士在大清帝國擔任海關總稅務司的經歷差不多，都是作為先進國家和先進文化的僑民起作用的。

◎請問您如何看待中醫？作為傳統醫學，中醫是否還有存在的意義？

「中醫」這個詞是在清末民初才產生的，就是因為有了西醫，然後大家才把不是西醫那些東西劃在一起算成是中醫。「中醫」這個詞產生的道理跟「國學」是一樣的，而且最初也不叫「中醫」，叫「國醫」。從清末民初到三十年代國民黨南京政府開始整頓醫學執照的時候，中醫一般都以「國醫」自稱，用這個「國」字是為了增加自己的合法性，但是效果並不大，真到登記的時候和通過考試制度整頓醫學執照的時候，國醫一直是處於下風的。雖然從民間角度來講，中醫和西醫好像中西平等；但從官方的角度來講，只有西醫才算醫學，醫生就是指的是西醫，國醫也好，中醫也好，基本上沒戲。只有共產黨和一些邊緣人物才提出，在沒有錢的邊遠農村之類的，也要給國醫一條生路。

清末以前，西洋勢力和西醫進來以前，是沒有「中醫」這個概念的。後來被發明成「中醫」的那些東西，在明代或者是唐代，有很多都被認為是婆羅門醫學、回回藥方或者是海上方之類的。直到後來西洋的最新技術輸入時，原先前面那幾波內亞的、印度的、波斯的輸入一下子都被忘記了出處，被說成是自己的「國醫」了。這就像明末清初的士大夫楊光先說的，「寧可使中國無好曆法，不可使中國有西洋人」，但是他在說這話的時候忘

* 《隋書》記載，何細胡是西域人（據考證為粟特人），因經商進入西蜀，於是就在郫縣安家，侍奉梁朝武陵王蕭紀，主管金帛交易。其子何妥為梁朝知名官員。

了，自己祖上其實就是回回人。在耶穌會進來以前，回回人的地位也就是相當於西洋人。「中醫」也就是這樣製造出來的。先有西醫，然後才有「中醫」，「中醫」的發明是被動應付西醫的一種手段。

宋以前中醫無分科之說，有之自回回始。《元史》提到：「元大德六年丙子，升廣惠司正三品，掌回回醫藥。」蒙古人所說的「回回」，泛指西亞內亞，包括猶太人和敘利亞基督教，這些人都比東亞人醫術高明。外來的「也里可溫教」*等於是蒙古人的專職醫學部落，相當於內亞海洋時代的協和、雅禮和華西醫院，最後隨著朱元璋革命而消亡，遺產則被李時珍改造為公私合營的「中醫」。後來的發展就如同東亞人學不會來自伊朗錫斯坦（Sistan）的冰糖技術，最終就像瓦房店的學徒離開日本工程師一樣，乾脆在甘蔗水裡加麵粉，偷工減料導致最後技術失傳。

國醫或者中醫既然是多種成分混合的產物，所以談論傳統或者不傳統，本身就是沒有意義的事情。比如唐代《新修本草》列舉的外伊朗藥物，在明代的《本草綱目》就變成「自古以來」了，其中包括沉香、木香、藿香、蘇合、阿魏、黃丹、龍血、鹵砂、安息香、底也迦（一種解毒膏藥）、石蜜。

因此，所謂「傳統」到底指的是中亞的、印度的、伊斯蘭的還是什麼其他地區的傳統呢？或者僅僅是指非西方地區的傳統？然而非西方的醫藥本身也包括大多數傳統的東西，像柳樹皮中的阿司匹林這樣的東西，或者奎寧（又稱金雞納霜）也是從樹皮提取出的東西，它到底跟中醫中原先包括的同樣是植物性來源的藥品有什麼區別呢？為什麼說一個是傳統，另一個就不是傳統呢？如果說是用現在的科學方法來衡量的話，那麼西醫當中也只有一部分，恐怕也只有是十九世紀末葉那一部分才可以稱得上是現代化的東西。

◎中國的氣功是否起源於內亞？此外，所謂「傳統武術」，是否也像中醫是從國外或是非漢地區傳入中國的呢？

中古以後——也就是魏晉南北朝以後的武術，都是內亞和印度的產品，最終到了明清

*《元史》記載，「也里可溫」是元代蒙古人對於基督教各教派信徒及傳教士的總稱。

時期已經完全失傳。現在所謂的武術，追溯起來，沒有能夠超過清朝中期的。然而從它的內功心法和拳腳路數來看的話，內功基本上是外伊朗地區的產物，這時候已經染上了一定的穆斯林色彩。拳腳的套路，一部分是印度的，一部分是蒙古的。

至於氣功，則是大伊朗文化區冥想技術的碎片，來自於伊斯蘭教的蘇菲神祕主義教派。蘇菲主義者總結了一系列輔助元神的身體技術，這些技術的目的是在元神與本體結合時，針對性地排除各個層次的擾動，換句話說就是一種「心靈體操」。東亞是一個技術退化區，或者說唯物主義區。外伊朗和外印度的心靈體操，到了這裡就變成氣功，也就是一種健身術。這就好像利瑪竇最後變成鐘錶匠供奉的祖師爺，跟關二爺平起平坐，構成了對一神教的絕大諷刺。

清代中葉的武俠小說家把氣功描寫成保存植物性生命的技術（龜息法），作為最後關頭的錦囊妙計，可以在本來必死無疑的情況下護住一線生機，通常只有少數高手才能掌握。而現在的氣功則是匪軍將領和香港導演再發明的產物，相當於馬克思主義中國化和文革時期「雞血針」的變形，並進一步簡易化大眾化，符合下等人不用很累很麻煩就能長生不老的期望。原有的波斯名詞零零星星地保存下來，但僅僅作為裝飾，層次和步驟都打亂了，同時還被發明為「自古以來」。我不知道波斯人的法門靈不靈，如果真靈的話，那就幸虧廣大的氣功大師們都沒有學會，否則豈不全都落到歐陽鋒的下場了。不懂裝懂地擺姿勢，反倒沒有危險。「氣功論」還有一種實際用處，那就是可以教育廣大民族發明家，千萬不要膽子太小臉皮太薄，無論你怎麼大膽發明，都永遠摸不到人家早已突破無數次的知識天花板。

◎如何看待《易經》、中醫、八字算命和占卜？

《易經》的卦辭可能是不重要的東西。我想，古代的占卜術當中，記錄下來的東西大概不是這麼重要。就好像化石一樣，可以說是化石表現的是生物學中不太重要的東西，真正重要的是群體的組織和行為模式，但這個在化石上是表現不出來的。我想在漢代的時候，《易經》的傳遞當中仍然有大量的口傳材料，以前肯定是更多的。這些口傳的、相當於是實驗操作規範的東西，才是古代巫術最重要的東西。這在漢代稱為方術，但是漢代的方術已經是一個雜合體了。周代的《易經》是什麼樣的東西，真實面貌是不可見的。

我想漢人看到的那些零零碎碎的卜辭，經過重新解釋出來的東西，其實有很多已經不能算是巫術了。真正的巫術中最重要的部分，可能已經在戰國後期的社會變動中失傳了。原先巫術的有效性跟後來的解釋應該是不相干的。後來的解釋是非常重視文本分析，把《易經》當作一種儒家的經典，這個那個來分析。真正的巫術應該不是這樣的。那些卜辭只是一個象徵性的、可以隨心解釋的東西。巫術的核心部分，可能就是在比如說燒龜甲或者是扔蓍草的過程中那些藝術性的動作。所以說到頭，只有真正的秘傳才是巫術，秘傳之外的那些東西都是不可靠的。後來哲學家做出的解釋，基本上肯定都是錯誤的。

◎您認為東亞文明相對西方主流是邊緣文明，那與西方詩歌相比，您如何評價漢語古典詩歌的成就？

那是一種文字遊戲。嚴格說來，詩歌必須包括語音的部分。有些詩歌只有口傳的部分而沒有文字的部分，可以以不同方式記錄下來，也就是說根據各人的拼寫法或者各地的拼寫法不同，拼寫成不同的形式，這是沒有關係的。但是完全沒有語音的形式，只有文字的形式，那就不是詩歌了，而是一種文字遊戲，這種文字遊戲都是出現在詩歌發展的最末流。就英語而言，最初的詩歌都是民歌，只有口傳的，然後以各種不規範的形式記錄下來。一直到詹姆斯國王重新翻譯《聖經》那個時代，英語才有最初開始規範化的想法，但是直到狄更斯的時代才正式有我們現在所謂的規範化的拼寫。而且只是在狄更斯時代以後，在十九世紀末葉以後，在薩基（Saki，英國文學家芒羅〔Hector Hugh Munro〕的筆名）和霍普金斯（Gerard Manley Hopkins）這些人開始出現的時代，英語才開始有了純粹文字而沒有發音的詩。

漢語詩歌在以前，最初的初民時代，按一般規律推想的話，也有相當於荷馬史詩或者像是凱德蒙（Cædmon，撒克遜時代的修道士詩人）詩歌諸如此類只有口傳沒有文字的東西，但是這些東西顯然是早已經失傳了。詩經和楚辭代表了兩種不同文化，它們都不是我們現在想像的詩歌。例如詩經裡面一個字，它現在讀起來只有一個音節，但是在當時發音的時候，有很多都是不只一個音節的，所以你現在讀起來才會那麼拗口。說白了，詩經這種東西現在是一種速記符號。楚辭，那是更複雜一些，它跟現代漢語的關係更加疏遠一些，沒有人說得清楚到底是怎麼回事。

我們現在熟悉的古中國詩，就是所謂的近體詩，是武則天以後產生出來的宮廷詩。這種詩歌就像是伊莉莎白女王和沃爾特・雷利（Walter Raleigh）發展出來的那種對句一樣，開始就是一種文字遊戲，是極少數宮廷侍從為了表示自己讀書多腦子靈反應快搞出來的遊戲，跟原始意義的詩歌已經沒有什麼關係了。因此可知，最近一千年的漢語詩歌都屬於這種傳統，這種傳統在英語詩歌、義大利語詩歌和全世界其他各國詩歌當中都算是左道旁門中間極小的一支，但是基本上占據了漢語詩歌百分之九十以上的空間。

最後，簡單來說，所謂西洋詩，就是從兩希——希臘和希伯來以後到近代歐洲，發展出來的詩歌體系。西洋詩的品類如果是一百種的話，現代漢語的詩在這當中大概只有占一種。如果算上從《詩經》時代、魏晉古體詩一直到現在的所有形式的話，大概可能算上三種。西南各少數民族，突厥系各民族，那些擁有民歌的民族，它們所占的比例大概能占到百分之十五。整個比例關係基本上就是這個樣子的。兩希文明所帶來的詩的形式是百分之百，西北、西南各少數民族做到百分之十五，從《詩經》到現在的種種形式做到百分之三，唐詩以來、我們現在習以為常的所謂古詩占到百分之一，基本的比例就是這個樣子。人家有的，你大部分沒有；你有的，也是人家有的。

◎能否簡單論述中國歷代詩詞的演變，並解析楚辭、詩經、唐宋詩詞等中國古典文學在世界文化格局當中的位置？

每一種形式都是西亞和中亞原始形式輸入東亞以後退化滅絕的中間階段，跟士大夫階級其實是一樣的。詩經和楚辭分別代表諸夏*和百越從內亞和東南亞輸入的文化，然後這個文化在永嘉之亂以後基本滅絕。我們熟悉的近體詩，是波斯文化從南北兩路輸入以後、到李白杜甫的時代達到最高峰的結果，然後也趨於消滅。詞則是唐末五代時期那些波斯海

* 諸夏，東亞上古周朝時期，對中原地區諸侯國的泛稱；至春秋戰國時，也用作中原文化的代稱。如《論語．八佾》：「夷狄之有君，不如諸夏之亡也。」

商和「曲罷曾教善才服」（《琵琶行》）的音樂家製造出來的樂曲，然後由於受到漢字系統的限制而進一步瓦房店化以後，最後形成了宋代的詞。元曲則是蒙古人入侵時，隨著蒙古人那些武將、婦女和為他們服務的藝人而展開的曲藝形式，最後也隨著蒙古人和其帶來的內亞人、色目人的逐步漢化而趨於消亡。

每一次都是這個樣子的。這個具有連續性的文體發展系統，就像是中國的二十四史的朝代系統一樣，是建構的產物。每一次選取的建構材料都是截去了它們在內亞和西亞的開端和在中國的滅亡階段，正好把相當於納蘭性德那個時代的最高峰拿出來，然後跟下一輪輸入產生出來的類似階段的產物合併在一起。

楚辭、詩經、唐宋詩詞等在世界文化格局當中，坦白的說就是基本上沒有地位，相當於花邊。即使是古喬治亞的《虎皮武士》這樣的史詩或者是西藏的民歌，在世界文化中所占的地位都比這些東西要稍微高一點。至少對於世界主流來說，它們的可理解性要更大一些。對於不懂漢文或者是基本不懂漢文的讀者來說的話，要從這四五個字、七八個字、四五行、至多十幾行的詩句中理出意義來，那比理解原始民族，哪怕是夏威夷民族的民歌都要困難得多。夏威夷民族的民歌至少會比較像是《舊約》裡面的《列王紀》，裡面包含了很多可以理解的資訊。而《詩經》和《楚辭》裡面的內容，它包含的情感恐怕是漢語世界以外無法理解的。撇除這些情感，它送去的信息量確實是不如夏威夷民歌。

◎中國繪畫的發展，與內亞文化有什麼關係？

宋朝的復辟使內亞和東亞的傳統矛盾又重新激化了，但是東亞人階級鬥爭的勝利也就意味著東亞王朝失去了內亞交通線，晉國人所失去的內亞交通線最終轉移到契丹人和女真人手裡面。所以，俄羅斯人和阿拉伯人嘴上的「中國」都是契丹，他們根本不承認東亞人有權利統治東亞，而認為只有契丹人才是唐帝國和鮮卑帝國的合法繼承者。誰是合法繼承者，這是另外一方面的問題。從政治體制上來講，唐帝國那種摻雜了部落和封建殘餘的體制確實是更多地體現在契丹和女真身上，純粹編戶齊民的宋帝國則是秦政的進一步深化。從技術傳輸的角度來講，宋帝國不僅失去了戰馬，而且也失去了所有的技術，包括鐵器冶煉技術和各種繪畫顏料，所以唐代用來自巴達克山（Badakhshan）的內亞顏料繪製的各種金碧輝煌的複雜圖畫，在宋代就退化為只有黑白兩色的文人畫和山水畫。

當然，這些文人不會承認我們之所以倒楣是因為我們失去了先進技術的緣故。他們會像是赤腳醫生用中醫來取代西醫一樣說，我們這樣做是我們創造了寫意的傳統。我們寫意，不用搞什麼透視法，也不用什麼逼真的顏料，僅僅憑想像力就可以發揮過去精確描繪的同樣作用。寫意畫和寫實畫的區別在哪裡呢？文人畫跟唐人所謂的北宗的差別在哪裡呢？文人畫主要依靠的不是畫上表現的資訊，而是畫上給你留下的線索，然後你作為這個畫的讀者，要充分發揮你的想像力，在你的想像中模擬出畫家畫不出來的那些東西。

什麼叫做寫意？簡單地說，寫意就是「意淫」的意思，也就是畫家告訴你，我老人家有很多東西想要畫出來，但是我畫不出來。比如說有五千字的文章要寫，但是我只能寫二百個字的摘要扔在你面前，你要有本事從這個二百個字的摘要當中想像出來我那五千字的文章所要表達的全部內容。為什麼五千字的文章寫不出來呢？因為必需的顏料都沒有了，所以我只能可憐巴巴地用水墨給你畫出一些線索來，這些線索的信息量只是原先那些伊朗式凹凸法繪畫所顯示的信息量的百分之五。但是你不要忘記，我已經煞費苦心地把最具有線索效應的資訊包含在這百分之五當中了，你如果是一個聰明人，就能從這百分之五當中，正如你從一滴水當中品嘗出大海的滋味一樣，寫意寫意，意思到了就行了，想像出我原先要畫的東西。

這就是寫意畫產生的真正背景。它實際上就跟宋人失去戰馬以後自己培養出來的那些戰馬，在冶銅工業遷出境外以後自己搞出來的那些劣質銅器，自己煉出來的那些一刀就能劈爛的、只能用來做指甲剪和刮胡刀的鐵器，以及今天的「二〇二五中國製造」計畫，都是瓦房店學的產物，是窪地在技術輸液管被掐斷以後不得不做出的次佳選擇。用毛澤東時代的術語講，這就是你的赤腳醫生了。

◎中國的科舉文化有什麼危害性？

科舉是什麼呢？就是分配俸祿的一種客觀機制。憑什麼是你的孩子一出生就要當省部級官員，我的孩子一出生只能當縣級官員？那麼怎麼樣才能做到大家心平氣和呢？我們乾脆考試嘛。考試是客觀的，誰的成績好就讓誰先做官，這下大家不就心服口服了嗎。你只要是爭奪官吏任免權，那麼你最後總要走到科舉道路上去，即使是技術不同，但是精神上一定會走到考試的路子上面去。

科舉或是國家考試制度最大的危害是什麼呢？就是把地方上和社會上的資源全部投注到行政事務上面去，這就是所謂的「野無遺賢」。你想想，如果是牛頓和瓦特都做了官，那世界上還會有蒸汽機這樣的發明嗎？而且我可以斷言，他們這種人做了官也沒什麼好下場。如果牛頓和瓦特這種人做了官，肯定就要覺得，你們周圍人全都是傻瓜，我都看出這麼多東西來了，你們不就是只會填表嗎，我肯定要瞧不起領導、瞧不起同事，然後領導和同事會發動運動來鬥他們。這些人做了官以後，他不但不能創造價值，而且因為他肯定要恃才傲物，瞧不起所有人，反而會變成官僚系統內部的不穩定因素。

因此，我覺得中國官場內部的不穩定因素和政治混亂特別嚴重，就是跟「野無遺賢」有關。因為你把太多的人才集中到了官廷內部，而政府事務是最不需要才幹的，只要會填表的人，誰都可以做的；而且老老實實的填表，這對大家是最好的，如果你太聰明了，覺得填表這件事情發揮不了你的智慧，而且你也瞧不起你的上級，那你肯定要把你的才智用到別的方面去，比如算計一下上級，結黨營私，儘快的讓他提前退休，讓你補上去。如果還有其他人跟你一樣聰明的話，他遲早也會想到這些事情的。將聰明才智都用在鬥爭上，你自然可以想像結果會是怎樣的。

貳

中國人普遍都有精神病，如同長期受虐的病患

四、中國的大多數人，其實都不算是「人」

◎您認同「中國是禮儀之邦」這種傳統對中國的說法嗎？

中國不是禮儀之邦，所謂「禮儀之邦」只是一種文宣而已。構成中國的真正力量當然就是無產階級的革命，所以正因為如此，它不但不是禮儀之邦，反而是一個出了名的社會野蠻的國家。為什麼？就是因為階級鬥爭的文化、馬基維利的權謀文化才是它真正模仿的對象。為什麼中國人總是三十六計厚黑學？因為這些東西才是相當於英國無產階級模仿紳士的那種為上下層階級共同模仿的東西。

◎為什麼中國人相較於外國人更喜歡買奢侈品和豪車裝逼？

裝逼一方面是自信心不足的現象，所以歐洲的老貴族不大裝逼就是這個原因。老貴族也許是坐著舊式馬車、過了很長時間才勉勉強強接受火車的人。在二十世紀，他們往往是最後一批才放棄黑白電視機的人。急於採用最新、最大、最具有炫耀性質的奢侈品，那是暴發戶的特徵。每個人都是有得到認同的需要，但是追求認同的途徑卻是不一樣的：暴發戶的特點就是，他不大瞭解從怎樣的途徑才能獲得社會上的尊重，他能夠選擇的途徑就是那種最直接、最膚淺、似乎能夠引起最大效應的途徑；而社會上的精英階級總是少數人，而且是不大喜歡張揚的少數人，他們的判斷不會是大張旗鼓的。

然而，裝逼其實是在中國這種互害社會最有效的自保方式，這就是為什麼現在中國裝逼的人這麼多。弱者在正常的社會，如果你是共同體當中的一員的話，是不用太為自己擔心的；但是在互害社會，只要稍微露出一點示弱的跡象，就會被周圍的同伴活活吃掉的，所以你無論如何都必須裝逼。

◎您如何評價「忍一時風平浪靜，退一步海闊天空」、「吃得苦中苦，方為人上人」、「棍棒底下出孝子」等等各種中國自虐文化？

這就是「內卷化」社會的一個特點。在內卷化社會中怎樣才能發財致富呢？辦法就是，剝削你的妻子兒女，你讓他們穿得更破一些，吃得更差一些，把省下來的錢用來買田買地，然後你就會漸漸發家，從貧農變成地主，或者是從夥計變成大商人。或者是，你怎樣才能做官呢？答案就是，在別人玩兒的時候，你頭懸樑錐刺股，使勁兒虐待自己，培養記問之學，然後你就比其他人有機會背書背得更多，考試考得更好，然後你就自然而然的吃得苦中苦方為人上人了。

這就是「內卷化」的意思，它沒有外向開拓的空間。外向開拓不但得不到利益，反而會增加危險。最有冒險精神的人容易變成最可疑的份子而被重點刪除，而且這個刪除還很有生物學實驗的意義，就是說，誅連九族是什麼意思？從動物學意義上就是要徹底消滅你的遺傳基因，其他人沒有犯罪，但他們跟你有共同的遺傳基因，也要一併刪除。

◎在內卷化社會中懦夫是不是更容易生存？而具有武德之人反而會被淘汰？

確實是這樣，人種都會相對退化，男性女性化，女性更加女性化。可以說，專制主義時間一長以後，人民的體格和智力都傾向於退化。因為最有勇氣那一部分和最聰明的那部分人，反而更容易遭到系統的淘汰。

◎生活在中國這種秩序窪地，似乎對一個人的心理狀態或人格會有很大的影響。您如何看待中國人的心理狀態？

中國人普遍是精神病人，有點像是第一次世界大戰或者是越南戰爭中被炮彈震聾的那種戰場恐懼症的患者，那種人經過反復刺激以後，便完全陷入麻木狀態。人最初碰上槍林彈雨的時候會感到害怕，說不害怕那肯定是騙人的，但是勇敢和強健的人經過幾次驚嚇以後，會漸漸發現怎麼樣應付這種驚嚇是最恰當的，用哪種方法可以減輕傷亡減輕痛苦，最後就會磨練得更強大。沒有通過這一關的人可能就會，照俗語說的那樣，嚇傻了。他們採取了另一種保護自己的手段，就是無論怎樣刺激都完全沒有反應，像癡呆的孩子一樣麻木不仁，蜷縮起來，把外部的刺激排除到外面去。人的價值觀也是這樣的。

傳統的價值觀也許是錯的，但是它一般來說是穩定的，通常是幾代人連續穩定的，是跨代的，你在你的一生之中不大容易改變自己的偏見。例如天主教徒可能認為迫害伽利略是對的，加爾文新教徒可能認為迫害塞爾維特（Michael Servetus）* 是對的，伊斯蘭教徒可能認為用石頭砸死私奔的情人是對的，但是他們的祖父就是這麼認為的，他們的父親就是這麼認為的，他們的兒子和孫子也是這麼認為的。即使是錯誤的，但是這種錯誤不會擾亂他們的精神平衡。他們自己以為自己是好的，是在做正當的事情，即使是殺人，也不過是在殺壞人而已。

但是在極權主義國家、列寧黨統治下的社會不是這樣的。它們雖然實施專制，但是它們沒有辦法實施穩定的專制。天主教徒會在長達幾百年的時間內一直告訴你伊斯蘭教徒是壞人，伊斯蘭教徒也會在長達幾百年的時間內告訴你那些拜佛的偶像崇拜者是壞的；但是史達林同志的臣民呢，三年前相信希特勒是世界上最壞的人，我們應該聯合資產階級國家來反對他，三年之後又相信，希特勒和資產階級國家是狗咬狗的關係，我們應該聯合希特勒來反對資產階級民主國家，然後再過三年又會跳回到原來的第一種看法上，又要認為希特勒是最壞的，應該跟資產階級民主國家團結起來對付他們。中國的情況也就是這個樣子。現在誰還記得胡錦濤那個時代的「八榮八恥」是什麼呢？如果你真的像是伊斯蘭教徒相信沙里亞教法那樣相信胡錦濤的八榮八恥，那麼你現在已經是神經病了。

這種事情當然沒有發生，因為你已經像是我剛才描繪的那種戰場振盪症的患者一樣，已經用嬰兒自我蜷縮的方法隔絕所有的刺激了。他聽不到炮聲，一聽到炮聲就蜷縮起來，露出一副癡呆的表情，聽到任何聲音都是這個樣子。在別人看來，他已經跟傻瓜沒有任何區別了，智力完全喪失了，但用這種方法，他保護了自己。中國人以及一切列寧黨統治下

* 塞爾維特（1511-1553），西班牙神學家，也是著名的科學家與醫生。因反對宗教改革，在瑞士日內瓦被指控為異端並遭到火刑處決。

的人都是這樣的，他們因為不被容許保持一個至少可以維持一生的穩定的價值觀，患上了一種價值觀領域的炮彈振盪症。因此無論涉及任何道德裁斷的事情，他們都會用類似戰場上下來的炮彈振盪症患者的方法，讓它從自己耳邊劃過去。

他們不是有道德的，也不是不道德的，而是非道德的。道德的任何辭令，在他們結了繭的心裡都會劃過去。無論是真正的道德，還是綁架性質的道德，還是純粹顛倒黑白的偽道德，對他們來說都一樣，正如炮彈振盪症患者即使是進了醫院，飯碗落地的聲音和真正炮彈的聲音對他來說也沒有區別，他什麼都聽不見，什麼都感受不到，不能產生任何反應，沉迷在自己的個人世界內。如果有人砍他，他不能夠像正常人那樣躲避，因為他為了保護自己免遭過度刺激的傷害，已經連對刺激的正常反應都放棄了。中國這種道德癱瘓症的患者也是這樣的，真正的道德和假道德對他來說都無所謂。即使是別人用日常的不道德手段傷害他，他也不知道該怎麼樣躲避。

他會覺得，生活本來就是這樣，他可以受到極大的不公正而毫無反應，也可以受到只是小流氓的欺負，應該可以反抗的卻毫無反應，也可能自己就隨隨便便去做流氓，去為了假裝自己很聰明，就拿出一副高明的馬基維利主義者的態度去教訓那些他認為比較天真的人，說世界本來就是這樣的，也可能自己到幼稚園去殺幼兒或者是做諸如此類的事情，一切都是可能的。這就是那種道德上的炮彈振盪症患者正常的反應。他已經把一切涉及價值觀範圍的反思或者是刺激都給遮罩掉了，因為如果不這樣的話，他是沒有辦法在這樣的環境中生存下來的。

◎生在中國，對許多社會現實很不滿，痛恨思想被控制但又無力改變現實，也沒有異性緣，而想要自殺的人，應該怎麼辦？

一個人能夠讓別人思想控制的話，也就有一半該死了——特別是成年人。按說的話，一個人有資格算人，最重要的條件就是，他能夠為自己的事情做主而且負責，其中就包括對別人說「不」的能力。人和人的意見總是不一樣的，你得習慣每個人都有不同的意見。如果你生活在一個自由人的社會的話，那麼所有人的意見都是有些不同的，但是意見的不同並不妨礙你結社結黨，因為大家都要選擇哪些是最核心的，哪些是次要的問題。枝節問題的誤差並不會妨礙核心價值觀相同的人結成聯盟，而利益和觀點的分歧也不妨礙他們實行不同層次的協作。掌握協作的層次性，掌握不同層次的協作，懂得什麼事情是原則性的分歧、什麼事情是細節性的分歧，這都是自由人必須具備的基本功，只有兒童和奴隸才會陷入這種要麼絕對服從、要麼就無所適從的狀態。你如果要在社會上變成一個能負責任的角色，這一關是你非要過的。

我經常有一種看法就是，中國的大多數人其實都不算是人，就像黑格爾說的那樣，中國只有皇帝一個人具有責任能力。雖然這樣說有點極端，但是中國能夠負責任、具備西方所謂的那種自由人的人格特徵的人確實是非常之少的。即使是這極少數人，也往往有這方面或者那方面的人格缺陷。這個責任都不在個人，而是整個系統本身的問題，但是你既然生在了這個地方，你就得想辦法培養自己的責任能力。從物質上講的話，有很多人是你本來沒有理由要怕的，也就是說，從硬指標上講的話，你完全可以不在乎他們的意見。如果你連這一部分人的意見都無法擺脫的話，恐怕以後給你提供再好的環境也沒有用。再好的環境也是盡可能地在硬指標方面使你不必受制於人，但是你如果軟弱到在硬指標方面能夠自己做主的範圍內自己都不敢做主的話，那你就整個完蛋了。這一關過不了的話，你僅僅是從觀念上贊成這個贊成那個，那是沒有意義的。不涉及行動的觀念是非常軟弱的，而且觀念太多了，行動能力太薄弱，對一個人的性格有極大的傷害。這樣的人，還不如觀念少一些、思想少一些、但是自己的觀念和思想至少有五六成能夠付諸實施的那些比較具有「紅脖子」性質的人。

這種情況你就得自己調整自己的性格了。先從小事做起。如果你喜歡買什麼東西，就去買什麼東西。想要選擇什麼路線或者是去什麼地方玩，你要自己做主，自己設置比如說旅遊計畫。跟別人有意見分歧的時候，你要有勇氣說出自己的意見分歧。必要時，在一些無關緊要的小事上跟別人翻一翻臉，吵一吵架，打一打架，然後你就會漸漸發現，原先以為是不得了的那些事情，其實發生了也不過如此而已。長期沒有辦法兌現自己的意志，在想像中過日子，那是非常危險的。這樣搞下去，最輕也會使你神經衰弱。例如與女人相處這種事情，作為一個男人，你就要學會怎樣對女人老老實實說出自己的話來，不要害怕被拒絕。等你學會了被女人拒絕或者跟女人翻臉，也不覺得有什麼大不了以後，你才算是真正成年了。

◎當代華人普遍看不起印度人，經常用「阿三」這種戲謔的名詞；也往往看不起非洲和東南亞的各種族群。這種盲目的偏見是怎樣形成的？

這種偏見一點都不盲目，它是有其固定規律的。華人自古以來瞧不起的對象都是比自己稍微強一點、還具有一定競爭性的對象。然後等到自己的階級地位進一步下降以後，他們就會忘掉自己過去的偏見。例如，在清末李鴻章和蔣介石的時代之間一般是日本人享有那種待遇，因為那時候日本人看上去好像跟他們還差別不算太遠，所以蔣介石才會跟日本人打仗。現在大家已經默認日本人是發達國家的一部分，所以這個對象自然而然就要轉移到印度人頭上。

要理解這種心理機制其實很簡單，所有社區或者單位裡面的下等人，對稍微比他自己強的人總是這樣心懷嫉妒的，他們不會對比自己強得多的人或者統治者有這樣的想法，總會以一種扭曲的心理補償機制證明我自己才是最厲害的。你只要觀察你自己身邊的人，肯定就能找到這樣的現象。其實大事和小事的心理機制全都是一樣的。相對於你自己的家庭和社區，難道沒有鄰居、同事和社區跟你處在蔣介石和日本人、江澤民和印度人那種相對的地位嗎？你注意一下你的父母和長輩是怎樣評價這些人的，研究一下他們的心理扭曲機制。人活在世界上，是經常需要以自我欺騙的方式來維持心理平衡的。

◎歐美電影常常將正面人物塑造成正直、勇敢、強壯的男人；而亞洲電影則喜歡把勇敢強壯的男人塑造成呆頭呆腦的下層體力勞動者，把主角設定成白皙的小鮮肉。請問您東亞人的審美觀為什麼會這麼噁心？

知識份子都是這麼想的，只不過是科舉社會以外的其他知識份子沒有能力主導話語權而已。正常的男人，可以說是從部落社會到封建社會一脈相傳下來的男人，都是希望以自己的勇武去博得女人的歡心，讓女人相信自己是一個勇敢的戰士，能夠保護她；只有知識份子，自身已經女性化了，不但不能保護女人，而且還希望可以獲得女人的保護。像從《俠女十三妹》到金庸、古龍的武俠小說裡面就經常出現很能打的女俠，這樣的女俠不但會愛上文弱的白面書生，而且還願意保護他。其實美國科幻小說家艾西莫夫在他著名科幻作品《基地》當中也是這麼認為的。《基地》開始寫的時候，他還比較正常，謝頓博士只是一位預言家；到最後，謝頓博士就變成帝國的總理大臣了，而且還有一個號稱「虎女」的女俠，像武俠小說的主人公那樣保護他。

五、互害博弈其實是中國人的理性選擇

◎在中國時總會遇到很多沒水準的行為，比如在公共場合大叫大嚷、在電影院裡打手機、說話不講禮貌等。我對此感到十分厭煩，請問該怎麼辦？

沒有任何辦法，除非你去打架。別人要在乎你的感受，就說明他把你當成自己人；別人不在乎你的感受，就說明他沒有把你當成自己人。他是你的自己人嗎？如果說你看到什麼地方——比如說所謂的發達國家要講究禮貌、在乎別人的感受，那就是說它的共同體建設已經很好了。但是中國是沒有共同體的，所有人和所有人都是敵人，人家為什麼要讓你開心呢？你不開心，人家要麼漠不關心，要麼甚至會幸災樂禍。

◎網路上有種現象，如果某篇報導說某某人生活中受到了欺壓、怒而反擊，這時評論區往往就會一致叫好，不管是小粉紅、五毛黨，還是民小、自由黨，仿佛唯有在這種酣暢淋漓的報仇雪恨中，才能不分政治立場。請問您如何看這種心態？

那是必然的。越是懦弱，越是壓抑，就越是殘忍。殘忍是平時找不到機會，所以找到機會以後就要發洩得淋漓盡致。不像是理性的馬基維利主義者那樣，殺人是為了排除政治障礙，就像是你丟垃圾一樣，你並不恨垃圾，也並不想把垃圾多踩上幾腳，那是浪費自己的精力。平時懦弱而壓抑的人，在自己的幻想當中是很容易嚮往武俠小說裡的快意恩仇；雖然一般來說這種快意恩仇永遠都不會實現。然後終於有一天天下大亂，得到實現機會了，所有人都得到了自由，而他們使用自由的方式首先就是虐待自己假定的敵人。而自己假定的敵人也是這麼想的，那就會出現真正的所有人跟所有人之間的戰爭。實際上，這種事情在每次改朝換代的時候，甚至等不到改朝換代，就在像文革那種層次其實很低的動亂當中，都會輕而易舉地表現出來。

◎為什麼中國社會內部會有各種五花八門的詐騙活動？有人說英語國家也到處都是騙子，是這樣嗎？

這就是所謂的「社會性內戰」了。對所有人來說，總有某些人是自己人，某些人是敵人。在儒家的宗族社會當中，皇帝是假的，宗族才是真的。你的宗族內部是你的朋友，宗族以外都是你的敵人。如果你為皇帝當兵，你遇上危險就會逃的，只有在沒有危險的情況下你才會願意去領餉；但是你如果為自己的宗族打仗的話，那是一往無前，像真正的烈士一樣。所以梁啟超就說，粵東地區的宗族相互打起來像是歐洲民族國家之間相互打一樣認真，但是做皇帝的士兵的時候他們就不會認真。這就是他們真正的共同體。列寧主義者打散了這些共同體以後，自然的，你就只剩下你自己了，你只對你自己好，對周圍人都不好。包括所謂的「殺熟」，即使對理論上的熟人，你也沒有什麼共同體的關係。現在也是只有在閩南和南粵還有一點宗族。

大家罵得很厲害的「莆田系」*，其實內部可能是團結得很好的，否則他們搞非法移民、跑美國也不會組織得那麼好，這就說明他們內部是有德性的。他坑你，是因為你不是自己人，換句話說，他坑你這些中國人，那無非像是法國人打德國人一樣理所當然，因為你本來就是他的敵人。你這個帝國或者是你發明出來的中華民族本來就是假貨，像希特勒所宣傳的那個大歐洲一樣，一個真正的法國人或者荷蘭人不會因為希特勒和戈培爾宣揚歐洲一體，就把希特勒領導的這個大歐洲當成他們的祖國，他們照樣要坑德國人的，所以當然莆田系的人要坑你們中國人。同時他們自己跟自己的地下組織是很好的，要組織團體，偷渡到美國，成批成批地跑美國去，團結性是很強的。如果沒有這樣的團結性的話，他們肯定會敗露的。

英語世界，共同體有瓦解跡象的地方，也無非是紐約或者芝加哥這樣的大城市，而且這樣的大城市瓦解的程度也達不到典型的中國所達到的那個程度。它們的地板高於東亞的天花板，就是說，即使在紐約和芝加哥這樣的地方，它們的程度仍然比閩南或者粵東的程度要高。儘管各個團體相互之間沒有認同，但是小團體的認同仍然是存在的。例如義大利黑幫或者是愛爾蘭黑幫，他們會對外人不客氣，但是幫派內部，自己人之間，仍然會像是莆田系或者是粵東宗族一樣，自己人對自己人是很好的。只不過他們沒有一個美國認同，他們把其他地方的移民看作自己的敵人，例如洛杉磯的黑人很可能會去搶韓國人，紐約的愛爾蘭人很可能會去歧視華人諸如此類的，那說明他們沒有一個整體的美國認同。但是他們自己的愛爾蘭人認同、義大利人認同，或者墨西哥毒販的墨西哥認同，仍然像是莆田系的認同一樣的強大。也就是說，儘管紐約、芝加哥、洛杉磯這樣的地方在共同體建構方面是美國的地板，但是它仍然比東亞大陸的天花板——粵東或者是閩南更高一級，比起河南或者是山東那一帶的徹底散沙化的社會，那還是要強得多的。

如果你生在中國或中國式的散沙社會，你就要明白，你唯一的祖國就是你自己，你四面八方的人都是外國人，外國人坑你那是理所當然的。

* 特指中國的一個民營醫藥體系，是福建莆田民營醫療從業者的總稱，其資本和主要人員背景主要來自福建省莆田市東莊鎮。

◎許多年輕時在學校很反中共的人，出社會後到機關或公司工作，往往迅速改變立場、認同中共，而且不像是刻意裝的。為何會如此？

你恰好說反了。學生當中的小粉紅是最多的，即使在九十年代初那幾年、八九年以後還沒有多長時間，學生還有一點點精英的味道。但在一九九八年大學擴招以後的學生，其水準就非常低落了。尤其是從山東、河南、陝西這三個省份來的很多學生，是那種除了會背書以外一輩子再也不想幹別的什麼事情、之所以要讀書主要是為了讓自己不幹活又不用去打仗的人。而在這種人當中，小粉紅是格外得多的。

至於在公務員和國有企事業單位裡面，我還沒有見過有一個領導或技術負責人，又或是能夠拉起一個小集團的人，是相信共產黨的。直截了當地說就是，所有能夠搞起關係網的人，他都非常具體的相信他的關係網，而且能夠用自己的關係網擱置或者是扭曲公開的官方政策這種能力，才是他們衡量彼此之間強大和弱小的主要標誌。換句話說，強者的定義就是，對任何官方政策都可以不執行或者歪曲加以執行；弱者的意義就是，你明明不喜歡政策的內容，還是不敢不執行。你在機關裡面或者是國有企事業單位混到足夠長的時間，很快就會發現，按照上述標準設定的歧視鏈才是唯一真正可靠的歧視鏈。

除了學生中間的小粉紅以外，小粉紅最多的地方就是在這些機關當中混到四、五十歲還沒有什麼出息的大媽大爺這種人，坐在傳達室裡面經常跟保安聊天、沒有什麼事情做的人。這種人是非常相信共產黨的，主要原因其實就是，他自己的資訊比較閉塞，除了正規的文件和通告以外，他不會知道任何東西。

然而真正管用的就是這些正規通告之外的東西。即使在以前完全實行計劃經濟的時候，一個廠長能不能混得好，一方面是他能不能夠瞭解他上級和同級的各種關係網，瞭解上級的老婆喜歡什麼東西，瞭解他們隱秘的弱點，另一方面就是，他手下還要有一幫哥們兒，能夠隨時隨地通過私下裡面的關係，在計畫沒有給他提供的時候，比如說搞到一些很重要的零件，然後用這些零件換了另外一批很重要的東西。如果沒有這些自留地性質的東西補充的話，他的廠子運行不好的，運行不好，他在仕途上是要吃虧的。各個廠長之間誰比誰強，主要就是看他自己運行自留地的能力，而不是看正式的計畫，正式的計畫是大家都一樣的。

你也可以想像，這樣培養出來的成功者，也就是到動物園去會不聽管理人員勸告結果被老虎咬死那種人。這種人我非常熟悉，而且完全理解他們的動機。如果我不能夠破壞你們動物園的規章制度，恐怕你們動物園的管理人員以後就會有眼不識泰山，以為我只是一個普通人。這是不對的，我是一個重要人物；而重要人物的特點就是，我能夠踐踏規則還能全身而退，如果我表現不出強者的能力，那就只能承認我是個弱者了。

◎今天中國人這麼愚昧，有什麼辦法可以重新組織他們呢？

中國人並不愚昧。愚昧的意思如果是缺乏理性的話，中國人是非常理性的，他們採取的互害博弈方式是他們的生存環境當中短期內最有利的方式。如果採取對長期更有利的方式，那麼他們在短期內就可能被篩掉了。演化是不能夠爬山坡的，所以他們採取的是短期內最有利的方式。

愚昧不愚昧，那純粹是文學修辭的問題。當然，這種散沙狀態和互害狀態對共產黨是一個很大的麻煩，這使它多消耗了很多維穩資源。共產黨的大部分資源，例如財政資源，是用在各地方的人頭費和治安費上面的。由於分散利用，表面上看起來巨大的人力和財力，就像大清國最後要跟日本人打仗的時候，真正能調出來的只有幾千或幾萬人，大部分人是調不出來的，這個本身就是一個巨大消耗。這個消耗從政治上講，當然，誰背上這個包袱誰就是笨蛋。

大清朝在入關以前是非常強大的，因為它沒有這個包袱。這個巨大的包袱捆在大明朝的身上，崇禎皇帝拿他們無可奈何。毛澤東在接受蘇聯留下的滿洲遺產時也是非常輕鬆的，因為這個大包袱落在了蔣介石的頭上。但是入關以後，大清朝就變得跟大明朝一模一樣了，因為它背上了這個大包袱。而今天的共產黨在很多方面很像當年的國民黨，也是因為這個包袱存在。民運份子一般認為這個包袱是受到虐待的人民，我認為他們並不無辜，但是這根本不重要，重要的是他們是負資產，而負資產是落在共產黨頭上的。你要想改良它，是根本不可能做到的事情。

◎能否描述一下中國底層人民的精神狀態？

你看網上那些比較低檔的，什麼穿越小說，什麼亂七八糟的小說，那就代表了底層的精神需要。那些精神需要是非常鐵血的、非常皇漢的、非常低檔次的東西。你按照那些東西的精神來判斷的話，肯定會合理地推斷，未來打核戰爭是很正常的。日本在戰前流行的是什麼呢？南進政策，什麼解放亞洲太平洋之類的，各種各樣出處的小冊子也是層出不窮，代表著當時比較土的、不瞭解國際形勢和上層政治的普通老百姓的精神需要。

底層社會其實沒有什麼原創的想法，它都是受不同的精英的影響。現在的問題等於是，有一部分偽精英，在八十年代以後漸漸成長的那些偽精英，已經發現自己的表演已經維持不下去了，他們對底層實際上是毫無影響的。現在實際上是只有一種精英，就是星辰大海那種精英，就是周小平（中國網路作家）那種精英。你不要笑他，他很快就會變成真正的精英了。現在嘲笑他的人就好像是那些瞧不起那些南下共產黨幹部的民國時期的老知識份子一樣，很快他們就會發現，其實那些人才是真正的精英，自己已經不是了。南下幹部進了你們的村，過去的校長變成國民黨被打倒了，鄉紳變成地主被打倒了，其他那些人正在觀望的情況下，村裡面常年被人瞧不起的小流氓突然跳出來，積極地喊了幾句口號，然後就變成了無產階級的精英，以後這個村的民兵隊長就是他了。你不要以為他還是最初那種你瞧不起的人，今後你的小命就要捏在他這種人手裡面了。

◎無法肉身翻牆的小鎮青年如何在中國獲得幸福？

沒法幸福。「淪陷區」唯一可以確保的幸福形式就是幸災樂禍。在這方面你可以獲得非常之多的資源，在別的哪個地方都獲得不了。但是有一個很大的麻煩就是，你自己同樣很有可能變成別人幸災樂禍的對象。所以，就是要享受幸災樂禍的樂趣，最好也是要待在牆外，隔岸觀火，這樣你才能夠幸災樂禍得足夠安全。否則正在得意洋洋的時候又被別人幸災樂禍了，沒有極強的心理素質可能是幸災樂禍不起來的。

六、何謂狼性？就是「列寧主義人格」

◎什麼是列寧主義人格？這種人格是如何形成的？

列寧主義人格有一個特點就是，它不是像工程師尋找最有價值的礦物一樣，尋找人性中間最值得利用的東西，而是要尋找人性中間最容易被擊破的那個薄弱環節，然後通過這個環節打進你，像是打開一個核桃一樣，最終達到控制你的目的。由於這種人格是有傳染性的，所以大家都這麼弄的話，實際上就構成一種集體性追求死亡的遊戲。

人的自我邊界其實本身不是完全堅硬的，而是一個不斷沉澱、反復沉澱的過程。打爛了以後，你就會缺乏一個完整的相當於是人格的概念。從本質上講，人格這個概念是帶有幻想成分的。通過針對你的軟弱、脆弱環節的反復打擊，到一定程度後，這個邊界就不可能重新長回去了。在其他人看來你有一種扭曲的人格，但是其實真正的情況下，你不是有一個扭曲的人格，而是說，你是不存在的。什麼是「我」？我就是一個邊界，邊界之內是「我」，邊界之外是其他的。在這個邊界反復形成的過程都被打爛了以後，變成一個只有斷壁殘垣、像是一個沒有城牆的城市的時候，所謂的列寧主義新人類就算是形成了。

這樣的新人類，一方面他更容易被操控，另一方面他也是一個不斷釋放破壞因素的源頭。就像是被放射性感染了以後自己產生出放射性一樣，他會不斷地釋放出新的侵蝕力量去破壞其他人的人格，把所有人都變成像變形蟲一樣的一灘爛泥。打破了邊界以後，原有的人格所具有的力量也不存在了，整個人就像是喬木被砍了以後變成灌木、灌木被砍了以後變成苔蘚一樣，變成一個細胞被打破細胞壁以後流在地上的一灘漿液似的東西。

經過列寧主義訓練和淘汰過的，給外人留下的最主要印象就是心腸極硬。心腸極硬是怎麼樣產生的呢？就是說，我不能有我特別珍愛的東西，因為我如果有所愛，我就比別人多了一個弱點，我什麼也不愛，別人就很難打擊我了。這樣的環境中培養出來的，最有生存能力的就是這種性格的人。

像流氓無產者有一個訓練，就是殺老婆。在許多中國人喜歡的那些雜劇傳奇裡——比如《花關索傳》的故事：兩個江湖好漢相遇，決定結為兄弟，為了證實自己的兄弟情誼，我們去相互殺對方的老婆。為什麼呢？當然不是那個女人有什麼罪或者不好。如果說是喜新厭舊，想要娶一個新妻子，把原來的妻子殺了，那還是可以理解的。而他們這麼做是為什麼呢？就是要證明我是好漢。好漢是什麼？好漢就是什麼都不在乎的人。別人愛老婆，這就是他的弱點；我不愛老婆，這就是證明我比他強。

列寧主義的培訓，有很大一部分是由地下組織或者說犯罪集團的生活習慣養成的。因為他們假定自己隨時都會進審訊室裡面被員警審訊，所以隨時必須自我訓練，方法是：第一，你要非常善於忍受痛苦，第二，你什麼都不愛，別人沒法利用，第三，你要善於故布疑陣，讓別人對你在乎的東西形成一個非常錯誤的理解。比如說你其實根本不在乎書畫，但是你要給別人一種印象就是，這個人特別喜歡收藏書畫，所以他的弱點就在這一點，如果抓住這個弱點，拿他的書畫敲打他，他很容易屈服。但是實際上，恰好書畫是你一點都不在乎的東西。如果別人用這種方法來對付你，他就要撲一個空，浪費極大的資源和能量。

高崗*是一個陝北出身的小土匪，所以他不善於掩飾自己的性格，是那種只能被人利用而沒法利用人的角色。但周恩來經常喜歡玩的遊戲就是，讓別人以為他有腐朽士大夫的那些愛好，喜歡吃各種精美的、需要花N個小時時間、一百零八道工序才能搞出來的那些名菜，或者是其他士大夫的生活享受。但你要如果真的以為他很在乎，那就錯了，他隨時可以把這些東西拋到一邊。這些東西是他布出來的一個疑陣，讓你錯誤理解他的性格，在他其實並不是很有牽掛的地方去攻擊他，這樣他就可以輕而易舉地逃開。

◎為什麼中國仍然有很多人堅信馬列主義是真理？

中國人堅持說馬列主義是真理，這當然不是科學意義上、實驗室做出來的真理。但他們能夠堅定不移地說這麼多遍，那他們確實是有一定的自信心。這種自信心跟精神病人的

* 高崗（1905-1954），中共早期領導人之一，一九四九年後集東北黨政軍大權於一身，號稱「東北王」，但遭到周恩來批判鬥爭，最後自殺身亡。

自信心是有極大的相似之處的，而不像是正常的、軟弱的人。正常人往往是資產階級類型的軟弱動搖份子，依靠常識辨事，而常識總是自相矛盾的。所以這種人辨事總是猶猶豫豫的，看一看李嘉誠（著名香港商人）怎麼幹，然後再看一看包玉剛（英籍寧波企業家）怎麼幹，萬一李嘉誠和包玉剛幹得不一樣，他就不知道該聽誰的好了，自己沒啥主見，總覺得自己沒有底氣。這就是正常人，憑常識辨事的正常人就是這樣的，他像《聖經》裡的羅馬總督彼拉多一樣不知道到底什麼是真理，東撞一下、西撞一下。而掌握了宇宙真理的人那就完全不一樣了，他不左顧右盼，他筆直地沖過去，以巨大的信心和動力感染絕大多數人，因為絕大多數人看你相信不相信，主要是看你的動作有沒有表現出堅定的自信心。

所以從彼拉多那種人來看，他確實沒法區別耶穌、假先知和巫師。在他看來，都有可能是真的，也都有可能是假的。但是他也知道，盲目的、軟弱的群眾總會跟著一個先知走的，不會跟著理性主義者走的。唯一的區別是，你到底跟對了真正的耶穌和救世主呢，還是跟了假先知和騙子。只有你面對上帝的時候，你才能夠真正確定到底有沒有跟對人。這就是加爾文主義的一個依據。你確實永遠也沒法知道你是不是真正跟對了人，你內心中總有那麼一絲恐懼，也許你是錯的呢，也許上帝根本就沒有揀選你，你跟的就是假先知，你能證明這一點嗎？證明不了。只有上帝本人確認，你才能夠放下心。

你想，林肯可不是像那些淺薄的進步主義者說的那樣，是為了自由民主事業、為了進步事業甘心做了這個做了那個，林肯在做了那些事情之前，他非常清楚和明白，他是破壞了華盛頓留下來的無文的憲法傳統的。他非常痛苦，像克倫威爾在砍查理國王的頭之前，那種極度的痛苦，完全不像中國野心家當上皇帝那樣手舞足蹈、得意洋洋了。他完全不是這樣的，他渾身戰慄，覺得自己完全有可能斷送了自己永恆的靈魂，而且再也無法回頭。他一天到晚做七個小時的長期禱告，渴望有啟示，最後流著汗、戰戰兢兢地做出了他的選擇。如果他有可能是正確的，那就是因為，有很清楚的證據證明，他做出這些選擇的根本動機是神學上的而不是政治上的。

◎受過列寧主義訓練的人會脫離原有的共同體，再也回不去，並且厭惡地方傳統和文化，這是什麼原因造成的？

我想，童年受過列寧主義訓練的人是一種精神上受到創傷的人，他對任何人都沒法完全信任。因為在他原來的特殊小環境當中，他的同學、老師、妻子、兒女隨時都可以變成敵人，這些人都會理直氣壯的覺得，揭發他、說服他改正錯誤、說服組織改掉他的思想，不但不是可恥的事情，而且還是高尚偉大的事情，他自己也會這樣對待別人，而且很可能已經這樣對待別人了。所以做過這種事情的人，終生不能再相信任何人，哪怕是最親密的人。列寧主義者就是這個樣子的，因為他自己習慣於背叛，所以他對任何人都不能信任。

◎出生於布爾什維克家庭、深受共產黨文化薰陶的人往往具有什麼特質？是否可能具有反社會人格？

匪諜都是六親不認的，必須得隔離，否則就會危及你自己的安全。紅衛兵就是這種人的典型。為什麼別人說他們殘忍？順便說一句，紅衛兵其實不是很殘忍，他們只是殘忍方面的實習生。既然他們是沒有社會經驗的小孩，那這些殘忍都是從哪兒學來的？答案是從父輩學來的。從耳濡目染，從父母在床頭講的革命故事，一點一點無形中學來的。就像木匠的孩子從小就會拿刨刀之類的東西，別人家的孩子沒法比，都是一樣的道理。從小學會的東西，跟長大以後學會的東西是不一樣的。他們從小就知道這是理所當然的，革命就是不能像資產階級那樣心慈手軟。如果你得罪了某一個人或者傷害了某一個人，千萬不能像資產階級或者是正常人想的那樣，我應該補償他；恰好相反，你應該像毛澤東那樣，如果你傷害了他，最好的辦法就是把他整死，整到他以後再也沒辦法報復你。如果又要傷害別人，又要心慈手軟，那你就肯定會像蔣介石一樣完蛋。

一個真正的列寧主義者不像儒家門徒，他不存在忠孝不能兩全之類的痛苦的內心掙扎，更不存在基督教徒對忠於教會還是忠於國家、忠於個人的良心還是忠於教會的權威和世俗權力諸如此類的痛苦掙扎。因為對於他來說，一切都是原子化的，他有無限的自我合理化的能力，無論他出賣誰還是坑誰，都可以給自己找出正當的理由來。你會把他當作家人，但他卻不會把你當作家人。他會認為，他優越於一般庸俗群眾的主要力量就在於，他能夠從這些亂七八糟的混亂的感情糾結中超脫出來。你對他好而他對你不好，這恰好是他的優勢所在，證明你的覺悟不夠高，而他的覺悟足夠高。

然而，從馬基維利主義的角度來講，這些特質都是寶貴的資本。在社會上很多地方，你能不能成功，往往要看你在關鍵時刻能不能夠比別人更狠，對於痛苦能不能夠比別人更遲鈍。而在中國，具有這些特質的人，比起那種溫室裡面長大的脆弱性格，更容易獲得成功。毛澤東如果在小時候不是經常受父親虐待、養成一種變態性格的話，他後來是不大可能成功的。一個書香門第、滿腦子是溫良恭儉讓那種人，或者像是楊開慧（毛澤東第二任妻子）那種多少有點受舊禮教薰陶、溫良賢淑的人，在這樣的競技場中是肯定要失敗的。所以從馬基維利主義的角度來講，這種性格的產生不是無意識的，它是半有意識的一種文化場薰陶和培養的結果。毛澤東要讓城市裡面嬌生慣養的青年到貧下中農那兒去接受再教育，就是這個意思。

◎如果我們身邊有類似毛澤東、朱元璋那種又陰又狠的人，身為資產階級家庭出身的傻白甜，怎麼與這樣的人打交道或共事？

中國哪有資產階級出身的傻白甜？這種人在民國也許還會有那麼一點點，例如在上海租界的良家子弟當中可能還有幾個像這樣的人，而現在肯定沒有。現在舊資產階級的後裔，中間已經歷過了一段在毛澤東時代被攻擊、被迫害的時期，已經傻白甜不起來了。新的無產階級資本家在他們自己的事業當中，就是用類似毛澤東和朱元璋的方法，搞狼性文化之類的東西，或者自己就是體制的合作者，或者是比起合作者更糟糕，是這些合作者的跟班和服務者，也就是說對象是一樣的，只是階級地位更低一些，他們不可能傻白甜的。

◎列寧主義除了「心靈水準的持續低落」和「自毀傾向」外，還會對個人產生什麼影響呢？

一個優秀的列寧主義者應該把自己看成是一種新人類。新人類相對於舊人類，猶如人類相對於猿猴，兩者之間就不是同一種物種。新人類的優越性在於，他不受過去時代那些野蠻的、亂七八糟的殘餘的糾纏，能夠用絕對理性和科學的方式來看待一切，包括看待自己。世界在他眼裡是一個巨大的礦場，包括他自己在內的一切都是礦場裡面的資源。以前的人，舊人類受到野蠻殘餘的各種理不清的感情和偏見的影響，不能夠足夠科學的運用這個礦場，發揮它的最大效用；而他能夠。他為了做到這一點，必要的時候可以犧牲一切，包括犧牲他自己。但是「犧牲」這個詞就是錯誤的，這是舊人類充滿偏見的說法，正確的說法應該是「科學利用」。

七、中國人不是「費拉」，是比「費拉」還不如

◎請您談談「費拉」這個詞的起源及內在涵義？

首先，我們要理解土耳其人和歐洲人對「費拉」（Fellah）這個詞的定義。費拉的原始意涵指的是埃及人——包括所有的放棄了自己統治權的埃及穆斯林和東方科普特基督教徒（Copts），但是不包括突厥人、切爾克斯人（Cherkesses）、高加索人這些像滿洲貴族和蒙古騎士一樣的征服者族群，當然也不包括西方的法蘭克人、十字軍和歐洲列強。

「費拉」的邊界線建立在政治統治權的有無之上：凡是有能力實施政治統治權、願意拿起武器保護自己和征服別人的人，他們的社區就不叫費拉；不能自我保護、需要依靠別人保護、願意用納貢代替統治的，他們就是費拉。最初在伍麥葉王朝統治的時期，信奉伊

斯蘭教的阿拉伯人不是費拉，而敘利亞和埃及的基督徒是費拉；但是大批的敘利亞和埃及基督徒改信伊斯蘭教以後，伊斯蘭教就不再是鑑定費拉的標準了，因為在現在的伊斯蘭教徒當中也有很多人變成費拉了，而阿拉伯統治者像入關以後的滿洲騎士一樣，迅速喪失了他們的武德。

當新的征服者——也就是土耳其人和高加索人席捲而來的時候，無論是原先的阿拉伯征服者還是後來改信伊斯蘭教的敘利亞和埃及基督徒，已經沒有辦法區別了。就像是辛亥革命以後，你要在北京人當中尋找旗人和非旗人的區別，那是很困難的，他們都已經變得像是他們過去征服的明朝人一樣，變得不能打仗，只能任人保護和宰割了，不再像是過去消滅大明的那些蒙古人和滿洲人那樣能夠征服別人和保護別人。所以新來的奧斯曼土耳其人也就一視同仁地把他們當作費拉了。當然，原先的埃及和敘利亞東方基督教會，原先本來就被阿拉伯人當作費拉的那一部分，在土耳其人眼裡面當然還是費拉。然後歐洲人打敗了土耳其人、來到近東的時候，也就接著土耳其人，把這些人統統叫做「費拉」了。這就是我經常用的費拉這個詞的起源。

「費拉」在中東的定義是什麼呢？沒有政治統治權、但是有社會自治能力的人。東方基督徒被阿拉伯人鄙視，被土耳其人鄙視，也被歐洲人鄙視，他們享有什麼樣的權利，他們的地位是怎樣的呢？在阿拉伯穆斯林帝國、土耳其穆斯林帝國和他們所有的繼承國眼中，他們是處在這樣的狀態：他們不能夠做官或者當兵，通常也不願意當兵，但是除此之外，他們在社會生活方面是完全自治的。東方基督教徒的教區，根據穆罕默德在《古蘭經》中定下的原則，他們的大主教、教長或者猶太教的拉比就是東方基督徒或者猶太教社區的法官或者領袖，當然也是他們的學校的教育總監。穆斯林要求他們納貢，但是納貢以後就允許他們社區自治，只要你們不干涉政治事務和軍事事務，同時又願意給征服者交錢，剩下的事情就是你們自己管的。

現在我們就可以看出，「費拉」這個詞指的就是有能力掌握自己的教育和司法事務、但是沒有能力掌握政治和軍事事務的東方基督教徒和穆斯林。那麼你如果按照這個標準來鑑定的話，我們請問，在共產黨統治之下的中國基督教會和基督徒可不可以稱之為費拉呢？說可以也行，說不可以也行。如果我們把費拉定義為沒有能力行使政治和軍事責任的人，那麼共產黨統治下的這些東亞基督教徒顯然像敘利亞和埃及的東方基督教徒一樣，他們大多數沒有這樣的能力，他們沒有統治的能力，也沒有保衛自己的能力；但是如果按照埃及費拉的第二個比較次要的標準——費拉是有能力主管自己的教育機構和司法機構的人，那麼我們可以很負責任地說，中國共產黨統治之下的大多數基督教會還不能被稱為費拉，因為他們還沒有做費拉的資格。

任何一個穆斯林帝國統治下的埃及和敘利亞的基督教徒，送他們自己的孩子去接受基督教的教育，在自己結婚、離婚或者打官司的時候用基督教的法律來裁判，都是理所當然、天經地義，穆罕默德本人和任何一位哈里發和蘇丹對此都沒有任何異議；但是中國共產黨統治之下，我們不說全部，至少有很多基督教會，如果你要自己辦學校，要使自己的子女受基督教的教育而不接受共產黨的公立學校的無神論教育，或者是基督徒和基督徒打官司不去共產黨的法院，由自己的牧師或者長老自己搞民辦法庭，私人裁決，那麼你可以想像會發生什麼事情。可以說，只有極少數戰鬥力很強、特別桀驁不馴的教會，用非正式的、帶有強烈社會抗爭性質的手段，勉勉強強爭到了與此類似的一些並沒有得到正式承認的權利；而中東的基督教會，哪怕是公認為費拉的基督教會，都認為這些權利理所當然，從未被他們的穆斯林統治者和鄰居否認過的。

所以，當我開始用「費拉」這個詞來描繪共產黨統治之下的中國人的時候，就有某些中國共產黨統治下的基督教徒跑來跟我招架，說我侮辱了他們，而我都簡直是不忍心告訴他們，如果我用費拉這個詞來形容他們的話，我到底是侮辱了誰——其實我是侮辱了埃及的基督徒，而抬舉了你們。你們當中最好、最強的那一部分勉勉強強能夠接近埃及費拉基督徒的水準，但是你們大部分人是達不到他們的水準。

◎如何知道自己是不是費拉？有沒有什麼測試方法或判斷標準？

你有團體嗎？有統治能力嗎？有團結能力嗎？如果你是費拉的話，那你無論走到什麼環境當中，都會把自己變成相當孤立的人，都很難取得足夠的信任值；如果你不是的話，那麼你在任何環境當中都會有一定的信任值，都能夠博得某些人的信任，都能夠像是蜜糖吸引蒼蠅那樣，吸引到一部分或者是足夠多的能夠信任你的人。

◎家人都是費拉，我該怎麼辦？

費拉其實很容易操縱或者剝削的，他沒有個人權利或者是邊界意識，可以說是一種精神上永遠不能成年的物種。如果你成心想要利用或者是無限擴大自己的利益的話，生活在費拉當中對你是極其有利的，你可以輕而易舉的剝削他們或者支配他們，理直氣壯的運用他們性格上的弱點對他們玩弄來玩弄去，把他們作為你的工具，把他們的利益劃到你自己的名下。但是這樣有一點不好，你真的這麼幹了以後，你自己也就陷入了列寧主義式虐待狂的循環之中，以後你不可避免的陷入他們的圈子，總有一天，你會碰上比你更厲害的列寧主義高手，結果自己反倒也變成被玩弄的對象。

如果你想讓你的後代有較好的行為模式，那你就要為他製造一個較好的微環境，這個微環境至少是從出生開始的，很可能是從懷孕時期的胎教、飲食和生活環境之類的東西開始。因為人體，尤其是母體，似乎有一種現在我們還沒有搞清楚的神秘機能，能夠以某種方式，不知道是血液裡面激素水準、營養水準還是什麼的，把母體所在環境的穩定預期傳達給後代。也就是說，如果母親認為她所在的環境極不安全或極不穩定的話，胎兒在出生以前就會根據未來的環境非常危險這個預期塑造自己未來的行為模式；反過來，如果是預期環境非常穩定非常安逸的話，同樣的預期也會送到胎兒身上來。出生以後的環境薰陶，那就不用解釋了，那是人人都知道的。

◎我的妻子是費拉，我該如何踐行婚姻的誓約？

你也可以要求她履行她的誓約呀，這要看你們當初的約定是怎樣的。費拉的家庭是無法長期維持的，它自身就是一個小的秩序低地。你們家庭內部的秩序如果很脆弱，那麼周圍的鄰居或者是外部的共同體就會很容易地侵入你的家庭。以前在列寧主義的國有企業之類的單位，很容易出現夫妻相互出賣的現象，或是「爹親娘親都不如黨組織親」，你也不知道自己小孩會不會在學校裡面聽了老師講毛主席的話，就到組織上去揭發你，這就是家庭內部秩序薄弱、容易被外部世界入侵的結果。如果是你自己秩序薄弱的話，你自己家裡面的人就會胳膊肘向外拐，最後你自己為家庭做的經營都會付之東流。

◎總感覺中國費拉有氣無力、死氣沉沉，話語平淡乏味，洋人則恰好相反，言行慷慨激昂、身體氣血飽滿。這種差別是文化造成的，還是有演化學上的原因？

這個觀察沒錯。費拉是缺乏武德的人，可以說就是把綿羊群裡面最有戰鬥力的那一批挑出來殺掉的產物。這個淘汰過程經過了幾十個世代以後，是會對人類遺傳產生明確影響的。不要說別的，你對小白鼠或者類似動物，狐狸之類的東西拿出來做實驗，只要把一個種群中間，每一代都把跑得最快或者是跳得最凶的那幾隻狐狸殺掉，過上幾十代以後，新產生出來的狐狸的後代，就會變得比最早的那批狐狸的後代遲鈍、溫順得多。費拉從其定義來說，它就是沒有精英階級，或者說沒有統治階級、沒有武士階級的一個群體。有資格做武士那些人，如果生活在被統治階級的卑微處境下，長期生活在專制統治中，他們肯定是最容易被殺，最容易被連誅九族的。你想，被連誅九族的那些人是誰呢？要麼就是特別勇敢，以武犯禁；要麼就是特別聰明，以文亂法。

◎有人提出華裔在各國的平均收入和教育水準普遍較高、犯罪率較低來反駁中國人是費拉的觀點。您如何回應？

這恰好是費拉的主要特徵。中上層以上的人士主要依靠教育，華裔在教育中占了特別的地位，這恰好說明他們是科舉文化薰陶出來的產物，也就是說，他們屬於晚期文明。早期文明的特點就是，他們的精英階級是武士，保衛共同體的武士作為精英階級的核心，文人只是武士的秘書和助手；只有到文明發展到晚期、行將被征服的時候，文人才會變成中心。像張生和崔鶯鶯這種故事（《西廂記》）是非常變態的，其他任何民族的英雄人物都是拿著寶劍去英雄救美的，只有張生這種人物是寫一封信請別的將軍來救她，就贏得了美人心。這恰好是費拉的主要特徵。年輕民族肯定會覺得武士才是英雄，考試專家算個屁。

而在下層人士中呢，犯罪率高恰好是武德的一種扭曲反映。像孟加拉的犯罪率非常低，就是費拉社會的體現。

◎如何剷除自己身上的費拉性？希望能給予具體的建議以便落實。還有，若發問者是女性，是否有特別需要注意的地方？

從價值觀的角度來講，這樣是做反了。你不能夠用製造真空的方式去提取費拉性，費拉性實際上是一種比較低級的、用來填補空白的流沙。如果你有一種比較強勢的價值觀的話，你自然會覺得費拉性是一種既可憐又可惡的東西，它本身與其說是一種威脅，不如說是一種令人厭惡的、像鼻涕一樣的髒東西，你會自然而然的覺得這種東西很可惡，想要遠離它。像猶太人對付周圍的異教徒各民族，就明顯有這種感覺，即使他們在受人欺壓的狀態下，他們仍然覺得這些人過的生活方式是骯髒的、不敬神的、不潔的，各方面都比自己低一等，即使是表面上跟你敷衍，實際上還是瞧不起你。穆斯林在東亞對那些吃豬肉的、不講衛生的費拉民族也是這種看法，只不過他們的掩飾功夫可能不如猶太人做得好。

我不是建議你去皈依猶太教或者皈依伊斯蘭教，只是說你如果有了一種固定的價值觀，而且這種價值觀自身是足夠強大的，你肯定就已經達到了祛除費拉性的目的。因為沒有哪個人是會自願的，像是洗澡的時候往自己頭上抹洗髮水那樣，故意要把鼻涕和糞便抹到自己的頭髮上，你會主動的唯恐避之不及。穆斯林如果看到別人逼他吃豬肉的話，他肯定會覺得噁心的。任何有價值觀的人，無論他的價值觀是哪一種，只要看到費拉性，感受到這種有人把糞便往自己頭上抹的感覺，他簡直就是不能理解你為什麼會這樣。如果你沒有產生這種感覺，那就說明你自身還沒有足夠堅強的價值觀。有了這個價值觀，這些事情是會自然發生的。因為費拉是最低一級，任何一種價值觀，無論它們彼此之間相互如何歧視，必然會促使它的載體自然而然的歧視費拉性。

如果你已經有了無論是哪一種的，基督教的、伊斯蘭教的、儒家的、佛教的或者是任何一種價值觀，這種價值觀必然會使你歧視費拉性，然後你就有必要考慮用哪種技術手段來剷除費拉性。這個手段僅僅是技術性的，而不是價值觀性質的。在價值觀層面的問題解決以前，技術手段是沒什麼用的。假定你已經有了諸如此類的任何一種價值觀，然後你才感到費拉性是令人憎惡的，那麼在日常生活中最簡潔的手段就是避而遠之，建立自己的團體，然後在自己的團體中間過一種更加高尚和清潔的生活。

在政治層面上，最簡單的辦法就是雙反，也就是「反共」與「反支」，做到了這一點，你就把全世界逼格最低的東西排斥到一邊了，然後在逼格比較高的那些文化體系當中，你自然會根據你已有的價值觀有所權衡。這個方面我就不能給你提什麼建議了。「審慎」是所有德性中最困難的一種，因為它涉及到不同層面的權衡。如果沒有深入到別人的生活各個層面之間，你很難對他做出相應的權衡，所以真正的權衡只能是依靠自己，而自己也會在這個不同的權衡的過程中間，逐步的使自己的審慎功夫有所上升，也就是說培養出更好的德性出來。

最後，我不覺得女性相較於男性來說有什麼特殊之處，但是她們無疑應該對觀察人的性格和擔當、觀察家庭和小社區這方面多用點心。一個真正的保守主義者必定會把家庭和小社區看得比大的公共生活更重，儘管他不會忽略和逃避這方面的公共生活，因為後者是跟他直接接觸的人，而不是抽象的理論。人一旦依靠抽象的理論，觀察的準確性就會降低。女性尤其需要對周圍身邊的人的性格和做事的方法有所判辨，如果他是一個沒有擔當的人，那麼他的所作所為無論用多少種高明理論來掩飾，早晚是瞞不住你的眼睛的。你通過判斷誰有擔當，誰有責任感，誰是可靠、值得信賴的、比較誠實的人，誰是說話不可靠、不值得信賴的人，實際上就已經行使了一種非常有效的篩選功能。這種篩選對你所在的共同體的意義，可能比那些誇誇其談的知識份子和大人物還要重要得多，因為這種默默的篩選才是維持小共同體和小社區不斷向上、至少是能夠生生不息的主要因素。

◎中國為什麼總是強調以德治國？

其實從某種意義上來講，德治國家就是組織能力不足的一個體現。在組織資源枯竭的情況下，你是不可能有精確的統計技術的。歐洲能夠統計得比較精確，實際上它是有地方上的各個團體。哪怕是行政法院，它也肯定有封建制度留下來的自治市鎮和各地的各個法人團體留下的資料可供依據的。而德治實際上的情況是，你承認你的行政管治能力是不足的，需要隨時隨地採取武斷的臨機裁斷。實際上它就是這個意思。它的初衷是想要利用很低的行政成本管治很廣大的地方，但是實際上是要進行廣泛的二次授權，要允許地方上的行政官員行使一種類似戰時的獨裁權力，不斷地行使「自由裁量權」。

自由裁量權是什麼呢？比如說，地方官不可能依法行事的。如果依法行事的話，他是不能有效地控制局面的。他必須隨時隨地都有權像征服者那樣行動。征服者採取的行動主要是破壞性的，必要時他要採取各種臨機行動，這些臨機行動往往就是要破壞土豪以及用土豪來象徵的當地過於強大的地方共同體。這些共同體，如果真讓它隨便發展起來的話，有效管治就要變成完全不可能了。從這個角度來講，所謂「百代皆行秦政」，後代的歷代王朝其實都是法家的國家，這一點是很有依據的。之所以要行使武斷權力，就是因為有效控制的困難太大了。你不可能做到很精確，不可能做到很精確就要亂砍亂殺，在這種情況下非要有武斷權力不可。

而列寧主義其實也是一種退化的和粗糙的權力。它用階級分析或社會學分析的方法來管理社會，實際上也是一種不能做到精確處理的標誌。部分原因也是因為，精確處理所需要的技術條件超出了它能夠承擔的成本。如果採取內戰時期學來的那套粗糙的方式，一到某個地方，先把當地所有資產階級殺光或者抓起來當人質，這種做法是成本很低的。

但是法治其實是成本很高的。如果你事先沒有發育出一套良好的社會自組織形態的話，法治根本走不動。一個地方要能夠產生出自己的陪審團，進行公正審案，這不是一件簡單的事情。肯定是在以前已經有了上百年的積累，已經有了很強的自治經驗以後，才能夠做得到的事情。在機器失靈、操作不容易產生效果的時候，最簡單的方法就是，狠狠地砸下去，把它砸爛了，然後像割草機一樣從當中行駛過去。雖然可能把有用的東西破壞掉，但是你至少把障礙物給理清了。其實任何專制都是採取最簡單的方法。撇開道德上的用詞來形容，其實它根本上就呈現出一種有效獲得資訊能力的致命缺陷。資訊和組織資源可能是對應的東西。我想，可能在控制論或者系統論的語言中間，資訊和組織度是彼此對應的概念，等於說都是熵值的一個表徵。而在組織度不足的地方，那麼它的資訊有效攝取能力肯定也是不足的。因此，從這個角度來看，實行專制實際上是一種技術缺陷的表現；與其說是道德上有問題或者是立場上有問題，不如說是組織缺陷的問題。

◎能否請您詳解，費拉是怎樣腐蝕自由人（蠻族）？

因為他們更好欺負，所以就構成了一種榨油的適當對象。例如西班牙王國在征服了摩爾人以後就出現了一種現象叫做，「誰抓住了摩爾人、誰就抓住了黃金」。為什麼呢？因為你在基督徒社區裡的那些附庸往往是不好惹的，他們有自己的封建慣例，要從他們身上撈錢，那是要付出很大代價的；但是摩爾人的社區習慣於東方專制主義，他們的抵抗力就比較弱。假定你是一位公爵，你手下有一百個基督徒臣民，你能從他們手裡面榨出多少錢？如果你手下有一百個摩爾人，你就可以從他們身上榨出三倍甚至四倍的錢來，這難道不是很有利嗎？所以得到了摩爾人的領主就要比得不到摩爾人的領主富裕得多。

其實忽必烈相對於其他的蒙古領主也處在這種情況。他為什麼能夠擊敗草原上的其他蒙古領主呢？答案是，因為他的封地在東亞的核心地帶，他可以從這些費拉身上榨出更多的東西；而其他領主的臣屬也是蒙古騎士，這些人是不好惹的，所以不能從他們身上榨太多東西。他可以通過鹽鐵政策、稅收政策從自己在關中的封地中間撈到大量的金帛，而蒙古草原上的領主就沒有這麼多金帛，他就能夠用這些金帛去收買這些領主，誘惑這些領主倒向他這一邊，最後改變了蒙古的憲法平衡，通過一場繼承權戰爭，把更加合法的蒙古議會選出的領導人驅逐掉，把類似宋朝、金朝的專制主義體制強加給蒙古的宗王。他靠的是什麼呢？並不是因為他在漢地的軍事力量更強，而是靠他的腐蝕力量更強。

西班牙王國出現這種情況的時候，就引起了驅逐摩爾人的爭論，最後得到的結果跟忽必烈恰好相反。忽必烈的勝利是費拉腐蝕力量的勝利，而西班牙驅逐摩爾人則是西班牙的封建體系毅然的把自己受到感染的那一部分割除了。當時驅逐摩爾人的決議也是受到了很多封疆領主的反對，當然主要反對的就是從摩爾人當中獲利的那一部分領主，但是他們的力量沒有忽必烈那麼大，結果他們失敗了。

後來英國的克萊武男爵（Robert Clive）與赫斯廷斯（Warren Hastings）等人，與艾德蒙・伯克的爭議也是這樣。英國人到了印度以後，就按照波斯人和印度人的方式開始享樂了。他們發現，在英國，我即使是紳士和貴族，我權力也是非常有限的，但是做了印度的統治者，印度人會像奴隸一樣侍候我，要美女有美女，要財寶有財寶，我在英國只不過是個微不足道的小官，在印度做不了幾年官馬上就發了大財了，然後我回國去就可以用這筆錢，比如說競選國會議員，搞各種政治活動。但是在艾德蒙·伯克這種人的眼裡面，你這樣搞就是在侵蝕英格蘭王國的原有憲制，亞洲人一向是充滿奴性的、高度腐敗的，你在亞洲腐敗了還不夠，還要跑到我們英格蘭來，把我們英格蘭也腐敗了，我們容不得你，所以我一定要彈劾你。這種行為其實也跟西班牙人驅逐摩爾人是一樣的，是封建自由的共同體抵制東方費拉的腐蝕作用。

亞歷山大征服波斯和印度以後，也很想像東方的那些大君一樣好好享樂一下，像滿洲皇帝入關那樣享受一下東方皇帝那種近乎神明一樣的威嚴，所以他跑到埃及去就跟埃及祭司混得很好。亞歷山大在馬其頓貴族面前必須處處忌憚他們，康熙皇帝在滿洲武士面前也不能隨心所欲；但是在儒家士大夫面前或者是在波斯人面前，他們兩個都享受到了隨心所欲的快樂，所以他們到了東方就不想回去。而馬其頓貴族可沒有這種感覺，他們在印度河畔就要強迫亞歷山大撤軍，然後等亞歷山大死了以後，他們又在巴比倫幹掉了亞歷山大的繼承人，避免了馬其頓諸王國的東方化；而康熙的繼承人，在雍正和乾隆兩朝則把那些堅持滿洲傳統的貴族全部幹掉了，最終實現了滿洲朝廷本身的費拉化和東方化，當然這樣一來，滿洲朝廷也就被腐蝕得不得了，跟以前的明朝皇帝差不多了。

參

當代中國的最大問題，就是共產黨本身

八、中共是有著各種黑歷史的犯罪組織

◎我感覺中國共產黨就像一個犯罪組織，您怎麼看？

中國共產黨的問題在於，它是一個有各種黑歷史的犯罪集團，有著犯罪集團的心理，因此不是一個可以退休的政治集團。一旦中共退休後，不可避免的要面臨著無法交代的過去，僅僅憑這一點他就不能退。這是一個共犯結構的問題。比如說我跟你一起賺錢，這一點不能保證我們將來一起團結，因為我在別的地方也可以賺錢，說不定我就跟你撕逼了；但是如果我跟你聯合起來把他給殺了，那麼我永遠不敢背叛你，一旦背叛了你的話，我自己就會暴露，整個就要完蛋了。像上次洛陽不是發生一個綁架案嗎？有個男的綁架好幾個酒女，最後聯合幾個酒女殺了其中一個想要逃跑的酒女。這些淪為幫兇的酒女都不敢背叛這個男的，為什麼呢？從心理上來看，她們覺得一旦背叛這個男的，就不得不面對淪為幫兇的這個事實，因此她們被捕後，不敢指控這個男的。

其實中共的本質也是如此。它構成了一個既是加害者又是受害者的共犯結構，哪怕是表面上看是受害者，實際上在這中間也是有自己的不光彩的一份在裡面，所以是禁不住曝光的。這一點才是他能夠維持統治的根本原因。你想想王實味*那些人為什麼受了害還不肯逃跑，像現在那些被打的貪官污吏什麼的，為什麼他不肯辯護呢，說是不能跟黨組織對抗，那是因為即使目前給他加的這些罪名是純粹冤枉的，但他自己另外肯定還有黑歷史在黨手裡面。他不是一個完全無辜的人。沒有黨的話，一旦真相完全曝光的話，他的真正身份肯定是通緝犯。所以即使黨迫害他，他也只能希望，或者是「家雞打得團團轉，野雞打得到處飛」，他是家雞，他永遠離不開黨，他希望黨有朝一日回心轉意，像是胡耀邦時代那樣重新撥亂反正。他絕對不敢到共產黨以外的地方去重新開始生活。這一點才是它能維持團結的真正邏輯。所以你就不能把它當成一個政治集團來考慮，你得把它當成一個有共同黑歷史而且

* 王實味（1906-1947），早期中共黨員，富有文才，但在延安整風運動中因文字獲罪，最終被處死。

不能曝光的犯罪集團來考慮。按照這種方法來考慮的話，許多事情就可以解釋清楚了。

◎鄧小平之後的中共大搞改革開放，違反了社會主義的分配經濟原則，請問它們如何自我合理化？

這是一個核心和周邊的問題。核心是中共，周邊是李鴻章*。這個過程可不是從改革開放開始的，而是從毛時代就開始了，因為中共必須要通過一些周邊才能夠接觸國際社會，否則它會把自己餓死的。而那些周邊往往就是李鼎銘**那種開明紳士，或者國民黨在某種意義上也是它的一個周邊。不通過這些周邊，它不能夠跟國際社會發生有效的溝通。這個周邊有時厚有時薄，但是一般來說它在勝利以後，這些周邊就是它要打倒的下一批對象。從它的角度來看，改革開放已經完成了使命，需要積累的已經積累了，這些李鴻章式的人該靠邊站了。這不是不合邏輯，而是目的已經實現。就像反右以後平反的那些邏輯，平反的時候是怎麼說的？他們不是說反右我們搞錯了，他們說，其實我們是搞錯時機了，目前還在社會主義初級階段，不應該這麼做。這話的意思就是說，等我們建立了發達社會主義的時候你們還是該死的，我只是殺得早了一點，這是一個技術錯誤。不管他們現在有沒有犯另外一個錯誤，他們認為現在時機應該成熟了，革命已經進入了一個新的階段了，舊的革命已經成功，那麼在革命進入社會主義階段的時候，當初支持新民主主義的那些人難道不該殺嗎？

◎中共的基層官僚的最大弱點是什麼？

他們對話語的力量是極其迷信的，但他們掌握的話語又非常少。他們在小事情上非常

＊此處以「李鴻章」代指「洋務派」，用以比喻在二十世紀末改革開放後，中共作為列寧黨體制的核心，需要像「李鴻章」這樣熟悉國際規則的技術官僚來提供技術、資金，以及與外部世界打交道。

＊＊李鼎銘（1881-1947），為陝北當地士紳，教書十餘年並開辦中醫館。一九四一年在第二屆陝甘寧邊區參議會上提出「精兵簡政」議案，得到毛澤東的支持。官至陝甘寧邊區政府副主席。

精明，在大事非常粗疏。通常被古希臘人認為是政治人所必需的那些品德和智慧，他們完全不具備。他們引以為自豪的那些東西，是非常接近於《紅樓夢》或《一地雞毛》裡面描寫的那些大家族或者小單位裡面，那種侍人以妾婦之道的小聰明，就是巧妙的觀察一個人的性格行為，看他有什麼弱點和什麼嗜好，把這些弱點和嗜好加以利用，培養各種各樣的小關係。這些關係使他們覺得自己非常聰明，但是所使用的範圍都是非常狹窄的，只要稍稍超出這個範圍，他們自己的話語體系就理解不了這些，就會陷入那種麵包蟲暴露在光天化日之下的境地。

◎近年中國的民族問題層出不窮，您認為中國的制度設計對異質文化的包容能力存在哪些問題？

嚴格來說，中國的核心是列寧主義體制，這是從蘇聯引進、透過類似寄生蟲植入的方式，在三十年代和四十年代逐步植入到中國體內的。那麼，列寧主義的特點是什麼呢？我們可以直截了當地說，它對異質文化沒有任何包容能力，它的存在目的就是為了摧毀一切世俗社會。這種事情之所以沒有發生，是因為列寧主義的國家體系實際上已經不再能夠籠罩社會全域，而籠罩社會全域的是另外一種比列寧主義要古老得多的體制，馬克斯・韋伯把它叫做托勒密式的國家社會主義。它的特點是，由一個掌握武斷權力的吏治國家對全社會的政治經濟部門實行壟斷，然後通過這種壟斷經營的手段、通過政府經營的手段為自己攫取超額利潤，從而截斷自發產生資本主義的所有可能性。

我想，在今天中國真實實行的體制就是在列寧主義的核心之外的這個托勒密式的吏治國家，而在這個吏治國家之外更存在著廣大的、完全沒有組織能力的「散沙式社會」，這才是中國整體社會的真正面貌。在這種情況下談論民族，應該說是一種偽問題。首先，這個散沙的主體，就是我們通常說的「漢民族」，它完全不符合民族共同體的基本條件，它如果有什麼特點，就是體現在它的散沙性上面；同時，在邊疆地區殘留了一些具有殘存組織能力的共同體，這些共同體的絕大部分其實也不符合「國民」或者「民族」的基本定義，但他們殘餘的組織力量多於內地的散沙，這使他們引發衝突的可能性大大增長了。這就是中國當前面臨的實際情況。

◎共產黨所說的「虛無主義者」是什麼意思？如何看待所謂的「歷史虛無主義」？

你知道共產黨罵人有個特點就是，他指著自己罵別人，他罵別人的東西恰好是他自己的特點。比如說，他說蔣介石不抗日，但蔣介石實際上是個激進的民族主義者，而中共自己是不抗日的；他說別人剝削，其實真正不勞而獲的是他自己；諸如此類都是這種辦法。這不是偶然的，這也是一種策略，因為你罵別人的話，有一句話叫做「君子可欺以其方」，就是說，我自己是剝削者，我想要剝削你，我反而罵你是剝削者，那麼你按照比較正人君子的思維，為了避免嫌疑，我儘量不做剝削階級，或者是為了避免不抗戰的嫌疑，我儘量去抗戰，這樣的話，你就掉進他的陷阱裡面去了，他就是要你這樣。

這個道理是很清楚的，什麼叫「虛無主義」？無神論就是虛無主義的終點，一切虛無主義越過了足夠多的中間環節，最後都要歸到無神論上面去，這是毫無疑問的。實際上，一切意義歸根結底都是以不同形式反對無神論。意義的最終源泉還是從有神論和宇宙秩序的概念產生的，雖然你可能是從比較末節的環節開始分析，可能不需要直接引用最終的第一原理，但是其實推到最後，你總是要有一個宇宙秩序觀；然而，無神論的意思恰好就是說，宇宙本身沒有意義。無神論才是真正的虛無主義。他罵別人虛無主義是什麼意思？他自己肯定知道這個理論依據，從理論上講，虛無主義者就是他自己。他的意思是，他要製造出一種偽歷史系統，反對這種歷史系統的人就是虛無主義。而其中一個不能說出口的理由是，他要說共產黨是神，否定共產黨的歷史作用就跟否定神的存在、否定宇宙秩序是一樣的，但是他又公開主張無神論，因此這話不能說出口，所以才會使用「虛無主義」這樣奇奇怪怪的台詞。

因此，「歷史虛無主義」在政治上的意涵就是：不承認中國共產黨在中華人民共和國歷史當中的核心地位，任何否認中國共產黨領導地位的學說統統都算「歷史虛無主義」。當然，從世界的角度來講，整個共產主義都是基督教世界的「虛無主義」。而中國共產黨和中華人民共和國，由共產國際來的這一系，本身就是「歷史虛無主義」或者「撒旦門徒」在塵世當中的體現。「虛無主義」有一個特點就是，它是「以無對有」。它自己什麼都沒有，它所有的一切都是從它反對的對象那裡借來的。比如說像「鴉片戰爭」這樣的命名，其實都是當時英國國會反對黨用來批評政府的台詞。反對英帝國主義的人，連台詞都自己發明不出來。「虛無主義」這樣的概念，本身也是基督教正統的說法，本來是針對共產主義的。而共產主義卻拿不出反對他們的說法，連反對敵人的說法也要從敵人那裡借用。這一點本身就是「虛無主義」的體現。

◎您認為中國和蘇聯最大的相似之處是在哪裡？

當然是列寧黨的骨架了。其他東西都是外延或者統戰式的掩飾，相當於你穿什麼衣服或用什麼化妝品。但是你的骨骼是什麼，能支持你活動的東西是什麼，你的組織力量是什麼？當然是列寧黨。沒有這個黨，至少是在短暫的過渡期，整個國家就像是抽去骨骼的身體一樣，一下子就垮台了。當然有很多人，包括我自己在內，都非常討厭這個骨架，但是有很多人比較天真或者不夠誠實，他們不願意承認，抽去這個骨架以後，中國就不存在了，至少是暫時在過渡時期不存在了，而我是承認這一點、而且基於這一點來考慮如何應對的。

◎您從醫學專業背景的角度上來看，網路上流傳的中共老幹部通過輸年輕人血來續命的事有沒有可信度？

這大概是將移植器官的故事改頭換面而來的。輸血是很簡單的事情，而且沒有什麼效果，除非你真的大量失血。不過，說到器官移植這件事情，不規範的器官移植應該是非常常見的。實際上中國在這方面等於是提前實現了有些科幻小說家所預見的那個未來：所有年輕人都像是義務交稅、義務當兵一樣，有義務捐獻自己的器官給年老的政治家使用，然後捐獻了器官的人可以得到一個優先順序，假定你自己年老的時候、需要移植器官的時候也會得到優先處理。但是這部科幻小說的作者顯然是西方人，他設想出來的制度還是太公平了。中國實行的制度實際上是把後面那部分給刪掉了。年老的領導人需要器官的時候，他就摘了你的器官，而被摘的人稀裡糊塗，死了也是白死，完全是像共產主義所有的犧牲品那樣無償奉獻。法輪功把這件事情搞得好像是他們單獨受到迫害一樣，實際上這是一種組織紅利。其實這種待遇是普遍地用在所有「兩腳羊」身上的，只不過如果這個「兩腳羊」恰好是法輪功的成員，那麼他死了就沒有白死，還有一撥在海外的教友到處去喊人權；如果他只是像楊改蘭[*]那樣的普普通通的費拉的話，那當然就是死了白死，整個事情就像是完全沒有發生過一樣。

◎中共可能認為，只要確保共產黨本身作為唯一有政治能力的群體，未來依靠更加先進的輿論控制跟統治技術，就能長久統治中國。在中美貿易戰後，您如何看待這種說法？

列寧主義政黨控制的能力可以精確地用它「殺人」的能力來確定。這個是必須的，因為任何政治組織都必須要有退出機制或者說淘汰機制，如果不能獎勵人或者懲罰人，那就沒有任何政治機器能夠運轉了。獎勵人或者懲罰人的機制，在西方民主國家是通過選舉來進行的，失去選舉的政客自動就退出了，他們有退路，這不是什麼重大問題。但是列寧主義政權既然規定了它不能進行政黨更迭，那麼它唯一的退出機制就是死。一個列寧主義政黨的政治家如果不死的話，他在退休以後仍然會繼續干政。每一個新上台的市委書記都會發現，前任市委書記、前前任市委書記、前前前任市委書記，他們當年在當市委書記的時候積累下來的人脈仍然在發揮作用，他的老同學和老朋友在他老人家退休了以後，很可能就已經升到中央去做官了，所以這位新任的市委書記為了對付前任市委書記、前前任市委書記，是必須絞盡腦汁的。我們都熟悉的江澤民和朱鎔基在上海之所以能夠升官，不是因為他們在上海搞了什麼政績，最主要的關係就是因為，他們在上海搞了很多高級賓館，對來訪的老幹部使盡拍馬屁之能事。後來的胡錦濤在貴州的時候能夠升到中央去，也不是他主管的省份政績比別人好，而是因為他用同樣的方法討好了很多老幹部。

老幹部當然是會越積越多的，所以累積到一定程度你就會面臨選擇：要麼你用史達林式的手段狠狠地殺一批，要麼你就得改變體制；改變體制的結果，也許口頭上叫民主，也許叫其他什麼名字，但是反正你得給他們一個退出機制。鄧小平用中顧委、幹部年輕化或者說是多少多少歲退休的規矩試圖製造這個機制，但是這個機制是不靠譜的。不靠譜的根

＊指發生於二〇一六年中國的社會慘案。甘肅農村婦女楊改蘭殺害自己的四名年幼子女後，服毒自殺。許多人將此慘案視為中國社會兩極分化、貧富差距過大的象徵。

本原因就在於，退出的人員太多了，你想讓他們不干政，是不可能的。退出以後，他們既不能像是西方國家那些在野黨一樣在社會上有一個出路，又不能像在史達林時代那樣被殺掉。於是，他實際上沒有解決「勃列日涅夫」問題，就是要讓退出的人從此不再干政。但是在列寧黨的體制之內，唯一行之有效的辦法就是把他們殺掉，而鄧小平既然不高興運用這種老辦法，所以他只是推遲了矛盾的爆發，像是不斷地在你的血管表面上積累脂肪一樣，脂肪積累到一定程度，你就要犯心臟病，這是必然的。

等到犯心臟病的時候你就要選擇了：要麼你和平演變，讓共產黨不復存在，於是又走到西方的歪路上去了；要麼你既然不打算走歪路，那麼合乎邏輯的唯一選擇就是，要麼你像胡錦濤那樣，在老幹部、老老幹部、老老老幹部的挾持之下做一個傀儡，要麼就殺掉老幹部。江澤民那時候還好一點，他那時候還只有老幹部；胡錦濤那個時候，江澤民時代的老幹部已經變成老老幹部；習近平上台以後，變成老幹部、老老幹部和老老老幹部一起垂簾聽政的狀態。你想，誰能受得了這種狀態？或者，他就變成一個像光緒皇帝那樣的傀儡；或者要想奪回權力的話，那就只有兩種辦法。一種是李登輝式的，我其實是無論如何都要想把你們國民黨老幹部做掉的，但是我在黨內勢單力孤，那麼怎麼辦呢，只有把民間的各方力量都拉進來，反對國民黨黨內的主流派，這就是所謂的民主化了；另一種辦法就是再列寧化，重新拿起史達林那把刀，我們不搞民主，我們可以用共產黨的傳統或者用文化大革命那種群眾動員方法，從本質上來說就是——必須殺老幹部。

不殺老幹部，你就沒辦法進行有效統治，沒有辦法進行有效統治，你只能像胡錦濤那樣繼續拖，任何重大決定都不能做，只能隨波逐流。當然這樣做的話，你是應付不了大的變局的。你要想應付大的變局，例如你要想閉關鎖國，要想避免自己的政權被和平演變，那就要看你殺人的魄力了。你至少必須殺掉幹部的百分之五，而且必須清除掉有能力垂簾聽政的老幹部、老老幹部，樹立一個你自己的班底。這一點你做不到的話，你就會失敗。你要判斷它將來能不能夠維持統治，不能按歷史來判斷。歷史上不論維持多少年的前提條件都是一個「殺」字。你如果有興趣的話，可以具體地統計一下過去中共殺了多少人。當然，一般的老百姓，關係不是很大的，關鍵還是在於幹部。幹部集團不能清理，那你什麼都做不到。如果你在幹部集團不能做有效清理的情況下單方面宣佈閉關鎖國，那你實在是沒有辦法避免朱鎔基當年曾經面臨的那種局面。

例如，軍隊裡面的什麼什麼幹部，仗著我有槍桿子，我就去搞走私了，或者是，福建或者江蘇這些地方的某些幹部，仗著我老人家跟江澤民同志的關係挺不錯，我就派出一個像賴昌星這樣的人去搞走私活動了。走私活動，至少是我和我的集團可以通過賴昌星手裡面分到很多錢。現在賴昌星沒有了，你可以讓郭文貴去做，反正總有這樣的人可以讓我所在的集團撈到很多利益。有我這樣一個集團這麼做，那麼別的集團也可以這麼做，福建人可以找賴昌星，山東人就可以找郭文貴，這樣搞出來的結果跟東南互保差別是不太大的。你在諸如此類的利益集團的挾制之下，你什麼事情也做不成，你不可能做到有效閉關。然後，聽了你的話閉關的人會吃大虧，不聽你的話、搞走私貿易的人會占大便宜。就算是搞運動開始了一、兩年，大家以為你新官上任三把火，十分厲害，時間長了以後看你也不過爾爾。我不服從你的命令，陽奉陰違，你又不能把我怎麼樣。很明顯，我照樣去做我的李鴻章，你有什麼辦法。

避免這種前途的唯一辦法就是殺人，這對你是真正的考驗。假貨是買不了真東西的。毛澤東能夠做這做那，是因為他能夠真正殺人。你不能夠只是裝腔作勢，學著毛澤東的口號而沒有像毛澤東那樣有殺人的能力。那樣的話，你什麼都得不到。而且你的紙老虎的假像被人戳破了以後，你的下場會非常慘，因為你並沒有像胡錦濤那樣，我雖然殺不了人，但是我至少沒有得罪人，你人都已經得罪了，然後又殺不了人的話，你不是跟自己過不去嗎？難道你真的想像李登輝一樣開放黨禁，引進人民的力量，或者是像令完成那樣，跑到美國去就永遠不回來？如果你沒有這樣的想法，不管你開始怎樣想兩邊占便宜，最後發展到一定程度以後你會發現，真正能夠拯救你的還是你殺人的能力。這時候你會退無可退，要麼能夠殺人，要麼你讓出位置，交給別的能夠殺人的人。

◎請問中共的人才選拔之道和明清的科舉有什麼本質區別？

中國共實行的是以恩蔭推薦制度為主，科舉制度為輔。而且，科舉制度產生出來的人也是要經過恩蔭推薦制度以後才能夠正式入行的。因此，在上層形成黃俄壟斷集團，在下層（比如說像縣、區這些基層政權單位）形成胥吏壟斷集團。「做題家」* 則是在兩者之

* 作者的術語，指在科舉文化之下，擅長考試卻缺乏組織能力、輸出秩序的知識份子。

間的中間層次，所占的比例更低，影響力也是更加邊緣化的。主要就是為了避免形成像明清時期有能力對皇權施加干擾的士大夫集團。

◎在九一一以前，中國其實已經在東海及南海地區蠢蠢欲動、準備擴張了。這似乎不符合江澤民的「悶聲發大財」路線。當時的財政軍事實力遠不如今天，中共哪兒來的膽量呢？

叫花子在你家附近的垃圾箱旁邊轉來轉去，這跟他自己的打狗棒武裝得好不好是沒有關係的，這是他作為流氓無產者的一貫做法和歷史經驗，他一直是這樣做的。江並不是全部決策人，而且「悶聲發大財」那句話也被廣大的沒有武裝的偽資產階級誇張得太厲害了，說白了就是拿自己的願望代替事實，希望江能夠做一個真正地道的資產階級保護人，可惜江不是那種人，沒有一個共產黨員能符合你想像的那種標準。因為你現在嘗到了習近平的滋味，你就幻想江曾經是你們希望出現的那個保護人，就像是你領教到了毛澤東的滋味以後，就開始幻想蔣介石和黃金十年如何如何。可以說，香港和上海的英國殖民者是這樣的保護人，但是共產黨內沒有任何人能夠符合「資產階級保護人」的那種想像。

其實，江澤民正是現在你看到用來威脅台灣和南海的那支海軍的始作俑者。海軍這種東西的建設，等到你拿出來能用的時候已經是十幾年以後的事情了。你要記住，當時美國人和俄國人討論怎樣處理塔利班的時候，普丁說過一句話：「塔利班沒有溫和派」。然而，塔利班跟共產黨比起來那就是好得太多了，共產黨才是真正沒有溫和派的。你不要幻想江澤民是溫和派，正如你不要在文革的時候幻想毛澤東是激進派、周恩來是溫和派一樣。

九、中國生活指南和監獄生活指南本質上是一致的

◎如果讓您在美國監獄、河南駐馬店、北韓這三處中選擇一處居住，您會選哪一個？

提出這個問題的人會給人留下一種幼稚到難以置信的印象。哪怕你去問王立軍或者問任何稍微有社會經驗的人，他都會毫不猶豫地住美國監獄的。別的不說，如果你住在美國監獄裡面，在你必須進行性生活的時段內，如果監獄方面沒有把你的女朋友或者其他什麼人放進來、讓你在適當的條件下進行性生活的話，那它就犯了侵犯人權的罪行。但是，若你住在河南駐馬店，毫無疑問是有一定機會被人拿去賣人肉的。而住到北韓去的話，我也就不用再解釋了。

這個問題居然需要提出來，還需要煞費苦心地考慮，我感到略微有點驚奇。如果你要問得更具體一點，在第一名選擇美國監獄以後，然後在駐馬店和北韓之間選擇一下的話，那麼駐馬店比北韓要稍微好一點。在駐馬店，你有可能被人吃人肉或者是被人割掉腎，但是你也有可能自己組織一個黑幫去割別人的腎或者吃別人的人肉。組織一個黑幫，在駐馬店的成本不算很高。但是在北韓，你要麼就被「苦難行軍」了，要麼就必須在丹東或者其他地方組織一個深入到滿洲的走私集團，要麼就必須在繼位的政變當中恰到好處地站在正確的一邊。後兩者的成本都要比在駐馬店當一個黑社會老大要高得多，所以第二名毫無疑問就是駐馬店。

◎您覺得在中國生活需要注意什麼？

中國生活指南和監獄生活指南本質上是一樣的，差別只在名詞上。名詞的差別是不重要的，例如搶劫可以叫做土地改革和公私合營，也可以叫做其他什麼名字，但是實質內容是相同的。你既然已經在中國生活過，實際上你就會懂得監獄生活的基本要素了。最關鍵的要素就是要有幫派，要有組織力量。如果你沒有幫派的話，那你就趕緊組織一個。如果自己不想組織的話，就在已經存在的各種黑幫，當然也可以是白幫，這個無關緊要，這個主要是一個價值觀問題，但總之都是幫派，在已經存在的各種幫派中間迅速找到自己的地位，發揮自己的比較優勢，看你是當師爺合適呢，還是當打手合適，還是當其他什麼角色合適，反正在既有的黑幫當中占據一個位置。如果沒有的話，或者是自己當邪教教主或者是黑幫老大天賦特別強的話，就自己組織一個，這樣或許會更好。

◎您如何看待中國高等教育體系？如何評價中國學歷的價值？

中國的高等教育就是一個預備公務員制度，你通過高考以後擁有的身份就是一個預備公務員，這就是它的價值所在。所以等到高考擴招以後，大學生失去了預備公務員的地位以後，它實際上已經一文不值了。但是老百姓總是反應遲鈍的，否則就不叫老百姓了，反應遲鈍是他們吃虧的主要原因。但是資訊流通的時間差正是統治階級維持統治的主要法寶。老百姓總是根據上一代人的經驗來看待問題，他們以為在他們那一代，高等教育能夠通向統治階級，就沒有想到二十年以後的規則已經不一樣了，他們繼續按照上一代人的規則辦事，使得現在的高校仍然有錢可賺。但實際上這種賺錢的方式跟欺騙是差不多的，實際上就是你收了顧客錢，但是已經不可能把顧客想要的貨物交給顧客，而且這一點你在收錢的時候就已經是知道的。

中國是沒有能力搞什麼博雅教育的，而且博雅教育從根本上來講也不靠學校。它不能給人帶來直接的好處，只是能夠帶來綜合判斷力的好處。這就是說，只有對階級地位比較高的人才有實際價值，也只有他們能夠用無形的方式體現和領會這些事情；對於普通的中產階級甚至無產階級來說，博雅教育本來就是不存在的。中國既沒有博雅教育，又沒有專業教育，所以它只能搞官僚候補人員的養成教育。但是它的官僚組織又不像科舉時代的官僚組織那樣可以向全民展開，由平民階級的貧寒子弟來產生，而是像一個墮落退化的列寧黨那樣，越來越多的由原有的、不斷繁衍的黨的子弟來填充。它從本質上講是根本不需要平民的。

◎如何看待中國地名的改變？比如說從金陵到南京，從幽州到北京，從汝南到駐馬店。

前兩者是吏治國家的表現，就是把有生命力、有歷史記憶的地名改成「編號系統」，這種系統在監獄裡同樣也會使用。像山西、山東、南京、北京，這些都像是編號系統一樣的東西。只有在開發新大陸的時候你才會按照四十四街、五十五街這樣的方式編制。如果是有歷史、有記憶的地方，像法國洛林這樣的地方，它必然有彎彎曲曲的邊界，不會像是美國各州那樣邊界平直，也不會像是紐約第一大街、第二大街那樣按數字編號。像法國大革命或者像是埃及變成吏治國家以後採取的做法就是：把原先有歷史記憶的各州的歷史邊界削平，然後按編號編制，比如說第九十三省或者是上萊茵省和下萊茵省。什麼是上萊茵省和下萊茵省？那不就是歷史上的洛林和阿爾薩斯嗎？但是洛林和阿爾薩斯是有機體，是有記憶的，上萊茵省和下萊茵省則是沒有記憶的。九十三區，九十二區，那當然也就更是沒有意義的。這樣的稱呼是吏治國家戰勝有生命力的共同體的結果，標誌著文明的衰落。

駐馬店*呢，不用說，那就是無產階級化的體現了。中共最喜歡無產化，但是無產化跟吏治國家是有區別的：吏治國家是純粹理客中、沒有感情、沒有生命的編號；而無產化則是惡毒的破壞，有意識地向墮落的方向走。前者如果是零的話，後者就是一個負值。

◎為什麼分裂主義在中國沒什麼市場？

那是因為中國的生物人雖然眾多，但是政治人卻是非常少的。比如古希臘的一個城邦雖有上萬人口，但是公民人數一般只有幾千人甚至更少，真正起政治作用的就只有那幾千個公民，那些人數眾多的非公民和奴隸是完全不算上數的。中國的人口雖然從居民角度來看是有十幾億，但是能夠稱得上政治人的人口的話，頂多不超過一億。八千萬共產黨員可

* 駐馬店位於河南省，為古代中原的核心地區，但在今天則是中國內陸最窮困、長期受到地域歧視的地區。作者用此名詞比喻窪地文化的衰退性。

以算是一個「民族」，勉勉強強可以算，在他們以外的話，有能力承擔政治義務的人，往少裡面算，可能只有幾百萬，往多裡面算，也頂多只有一、兩千萬，其他絕大多數人只能算是生物資源，沒有什麼獨立的政治意志。他們當然不是潛在的市場，就好像你的寵物或者說是田裡面的牛羊不能算是有效的政治市場一樣。

因此，我常說要「發明民族」的意義，就是要打寬上層和下層之間的隔膜，把橫向整合的精英統治變成縱向整合的共同體統治，把原先只是原材料的這些消極被動的群眾變成積極的公民。在這個過程中間，就要把他們原來像動物本能一樣接受的習俗、語言和其他特徵加以改造和昇華，變成共同體識別標誌和認同標誌的民族符號，通過這些民族符號激發起他們之間相互關照、相互團結的紐帶，利用這種紐帶來建立共同體。在共同體建立以後，居民和公民的概念才能夠近似等同。在居民和公民的概念大體上等同以後，一個固定的地域才能形成有自衛能力的、有生命力的組織。

◎您如何解讀北京驅離低端人口？這是不是再列寧化的一部分？

當然是。這個計畫跟低端人口沒有關係，跟重新格式化的大計畫有關係。所謂「重新格式化」的實際狀況是指：改革開放以來的三十年，人口的配置已經跟原有的戶籍制度脫節，多達幾億的人口已經不再生活在原有的戶籍地。他們沒有單位，沒有列寧主義用來控制人口的那一整套系統，他們的管理是極其鬆散的，因此社會上存在著很多死角。這些死角的存在，使得家庭教會、全能神教、各種黑社會、各種邊邊角角的組織有了生長壯大的機會。這種趨勢無限期發展下去，就會使朱鎔基改革國企以後已經遭到嚴重削弱的列寧主義管理體系勢力嚴重衰退，衰退到實力對比顛倒過來的地步。如果事情發展到這一步，就可能發生政治上的巨變。所以必須在為時太晚以前逆轉這個趨勢，把所有的人口——特別是流動人口像一九六〇年的時代一樣，重新牢牢地捆綁在一個固定的地方，捆綁在一個組織隨時都可以抓到他、控制他的地方。這樣，組織才能沒有後顧之憂。但是這樣一來，當然也就意味著改革開放創造出來的財富隨之煙消雲散。

◎您如何評價中國將《聖經》下架？

從現在開始到可見的未來，基督教要中國化，《聖經》都要重新編寫，由外國捐助或者是跟國際接軌的種種聯繫都要一一打壓、中斷。這是其中的一步。在這種情況下，跟天主教會的談判是不是還有意義就很成問題了。這些談判大概是由原來的外交部的技術官僚、統戰人員和白區黨負責的，想要拉攏天主教會，增加自己在國際上的話語權，打壓台灣和國內的天主教反對勢力。但是在目前這種再列寧化和內部收縮的局面來看，負責談判的外交人員和白區黨自己恐怕都要自身難保了。紅區黨或者說共產黨的頑固派或許已經發現，無論你怎麼樣統戰，效果都是雙向的。正如蘇聯還在的時候那樣，蘇聯的報紙真理報可以到紐約去隨便賣，而紐約時報和資本主義的任何報紙在蘇聯都不能流通，但就是這樣，蘇聯的意識形態在美國還是通行不了，而美國的意識形態通過地下管道，仍然在蘇聯有很大的影響。你只要留下了一個口子，哪怕是通過三自或者類似的統戰教會來活動的話，只要《聖經》流入淪陷區，就會對淪陷區那種極其單調貧乏的思想狀態形成非常有害的衝擊。通俗地說就是，我們搞統戰本來是為了把資本主義社會的市場搞亂，結果搞了半天，反而讓資本主義社會把我們社會主義解放區的思想給搞亂了，那樣的話，我們還不如不統戰。

◎共產黨為何要在新疆建立集中營和學習班？

這是走投無路的做法。因為以國有企事業單位為核心——我經常稱之為「紅色小滿洲國」*的那套體系已經垮台了，除了領退休金的老年人以外剩不下什麼人，而穆斯林的社區仍然是興旺而強大的，你處在這種情況下，統治成本是非常高的，所以你必須要麼摧毀穆斯林社區，正如穆斯林社區的騷擾和壓力已經摧毀了你的社區一樣，要麼你派駐的軍隊

* 紅色小滿洲國指的是中共從蘇聯手中接收當時亞洲最富裕的現代工業基地滿洲後，將當地的企業沒收為國有企業，並實施蘇聯式的計劃經濟。這套體系是中國改革開放之前的核心經濟體制，一九九〇年代之後的中國東北地區，國有企業舉步維艱、幾乎崩潰。

和員警都會變成孤軍，在四面八方的騷擾之中很快就會維持不下去。這是一場社區戰，你是在賭：你能夠像土改的時候摧毀地主鄉紳領導的儒家社區那樣摧毀掉穆斯林的社區，被摧毀掉社區以後，原有的社區成員變成普普通通的貧下中農，你就可以管理他們、洗腦他們，即使你害一害他們的父親和祖父，讓他們活活餓死或者槍斃了他們，他們的子孫都會信仰你而且忠於你，因為他們已經不再有社區了；如果你做不到的話，在被反咬的時候，你自己建立起來的所有政治組織和社會組織都會遭到徹底毀滅。這是最後一張牌。如果你不打這張牌的話，你現在就已經完了；打了這張牌以後，你還可以看打出這張牌以後的結果是贏是輸。從官場博弈的角度來講，這實際上是新疆當局綁架全國財政的做法，因為依靠它自己的機構的話它已經輸掉了，用這種做法它可以綁架全國。就像是，吳三桂不可能依靠遼東的錢糧跟清軍打仗，但是他可以通過崇禎皇帝向全國要維穩費回來，養他這支軍隊。當然這樣一來也就意味著，不可能像是在封建時代那樣，滿洲人拿了遼東就完了，吳國和越國仍然是自己的獨立體系，而是全國都綁在邊境身上，要垮的時候也就一起垮了。

這不是民族糾紛的問題。你要是以為學習班只有新疆有，那就太荒唐了。中國在較低的程度上就是一個大型的新疆，只是像楚門的世界，它放寬了一格，但是基本性質變化是不大的。你可以想像一下香港跟內地的區別。香港其實也是在籠子裡面，但毫無疑問它比上海的籠子要好過多了，儘管這個籠子有收緊的趨勢。上海這個籠子比新疆、西藏的籠子又好過多了。就是這樣一層一層的。實際上在烏魯木齊，比如說在一心書店那種情況，你確實可以類比到跟比如說是在上海季風書店裡面的感覺是一模一樣的，你根本不會感覺得到，出了這個範圍十公里之外實際上就是塔利班一樣的地方。你在上海也可以找到很多地方，模擬出你跟紐約和巴黎一模一樣，但是在十公里之外，有很多事情是你看不到也不願意看的東西，這些東西會暴露你所在的那個世界。民族問題只是一個藉口罷了，應該說不是很重要。其實民族也是根據需要製造出來的。一個地方突然出現民族問題，那就是說它有製造民族的需要，這個才是最重要的。

◎中國的社會生態適合不適合推行奴隸制？

一九四九年以後的中國已經不適合奴隸制了，因為奴隸制是一種比較文明的體制，它的要求太高。水是往下流的，不是往上流的，所以要提高到奴隸制的水準的話，還需要努力很長時間，還不一定能達得到。在有共產黨的情況下可能還達不到，如果「八個大大」*推翻了共產黨，那就很有希望了。

你要知道，奴隸制對奴隸的權利是保障得非常周密的。拿很多人恬不知恥咒罵著的伊斯蘭教來說的話，奴隸享有的福利是有非常具體、非常詳密的法典的，有很多是出於先知穆罕默德本人，因此是神聖不可侵犯、誰都不敢推翻的。例如一個穆斯林要是解放了奴隸，那是行了莫大的善功。如果犯了很大的罪、沒有辦法贖罪的時候，照先知本人的指示，你只要肯釋放奴隸的話就可以贖很多罪。同時，在你家裡面工作的奴隸，主人要給他各式各樣的待遇。奴隸年紀大了，不能工作了，主人無權釋放他——請注意，這個「無權釋放他」就是說，正常情況下，你把年輕力壯的奴隸釋放了，或者是把別人的奴隸買過來釋放了，那是極其積德行善的，是真主非常讚賞、先知非常讚賞的事情；但是如果是老年的奴隸，沒有工作能力的奴隸，全靠主人白養的奴隸，如果你釋放他，那是有罪的，伊斯蘭法典是不能容許你的。這就是奴隸在伊斯蘭社會的真正待遇。

即使是在儒家還在的情況下，絕大多數名義上是自由的小農在地主手裡面得不到這樣的待遇。像《紅樓夢》裡面賈府那樣的大戶人家，他們的小妾都得不到這樣的待遇。像白居易這樣的大人物，而且還是個心腸比較好的，不是個特別殘忍的人，他家裡面為他娛樂過的小妾、歌女之類的得不到這樣的待遇，稍微年老色衰就要打發出去，打發出去以後，你餓死了還是想辦法做妓女，主人家是不會管你的。這還是孔子的門徒，眾所周知的仁人君子。一般比較惡毒一點、連孔子的教導都不遵守的人，什麼事都能幹得出來。階級地位更加低下一點，一般的江湖人物，那就是各種傳奇、戲曲上描繪的那樣，要起來造反；各人交換一下，把自己的老婆殺掉，稍微惡一點就要把老婆孩子的肉都吃掉這種亂七八糟的人。

即使在儒家還在的時候，你如果能夠得到伊斯蘭教製造出來的這種奴隸制，或者是西班牙、葡萄牙天主教徒在美洲殖民地的奴隸法典裡面規定的那種奴隸制，可以說，百分之六、七十的儒家統治下的自由小農都會欣喜若狂，覺得這是莫大的幸福。至於美國南部那種正常情況下天天吃紅薯、豬肉的黑奴，可以說，大部分儒家統治時期的地主都沒有這麼

＊八個大大，作者術語，為伊斯蘭國領導者「巴格達迪」的諧音，用以指稱未來可能入侵中國的內亞伊斯蘭勢力。

好的生活。至於到共產黨時代的普普通通的工農群眾，哪怕是像國有企業這種比較有保障的工人，也是平時拿著極低的工資，住著跟公共宿舍差不多的、豬狗不如的房子，一旦喪失了勞動能力，隨時都可以把你踢出去下崗。即使是在你還有工作能力的情況下，支書或者是任何一個小頭目要侵占你的老婆或者侵占你沒有結婚的閨女，你敢反抗的話，人家隨便給你安一個反革命的罪名都是輕而易舉的事情。這種人在任何時候的處境都不如伊斯蘭教的、美國南部的和西班牙葡萄牙人的奴隸，他們連這些偉大文明的奴隸法典規定給奴隸的基本權利都沒有。所以實行奴隸制對於中國來說實在是要求太高了，即使在儒家統治時期，要想實行奴隸制，都需要做很大的努力才行。要想現在搞的話，恐怕沒有幾代人的努力，你是沒有資格到伊斯蘭社會去做奴隸的。

十、中國搞經濟，最擅長「韭菜經濟學」

◎為何深圳在三十年的改革開放中展現了與內地不一樣的圖景？

深圳的奇跡其實是很容易解釋的，因為它部分的模仿了上海租界和香港的政治體制。換句話說，它在一個高度中央集權的列寧主義國家當中，虛擬出了一塊相當於歐洲中世紀「漢薩同盟」的租界。為什麼上海租界變成遠東經濟繁榮的中心呢，為什麼它比日本、朝鮮要繁榮得多，比起大清內地都要繁榮得多呢？你如果說是大清的政治體制不好，那你得說是，日本的橫濱都趕不上上海租界的發展，為什麼呢？因為上海租界實際上是一個微型的城市國家，它像中世紀的漢薩同盟一樣，它的主要政權掌握在當地有產階級和商人手裡面，他們通過選舉自己的議會，成立了自己的正式政府，實行了馬克思最經典意義上的資產階級專政。而領土國家受的牽累太多，它們的自治程度是較低的，地理位置又沒有那麼好。

由於深圳的地理位置接近香港和海岸線，因此也獲得了一定的自主權。這就像是江蘇和浙江的資源不可避免向上海集中一樣。為什麼？因為上海在大英帝國軍艦和工部局法律的保護之下，實行了普通法的統治，在這裡，你的財產權和交易自由得到了最大限度的保證，而你如果在南京的話，張勳或者馮國璋的部隊如果搶了你，你是沒辦法投訴的。在工部局的統治下，你的財產權是有保護的。同時，當然上海的地理位置比南京和其他地方也要好得多。深圳所享有的就是這兩方面的優勢。

但是這兩方面它都是不如過去上海租界的。原因也很簡單，就是因為共產黨的統治比起大清的統治來說要武斷得多。它如果要干涉上海自治權，那比大清或者國民黨要干涉上海租界是要容易得多的，所以它的處境相對而言要更加脆弱而危險。對深圳這樣的地方來說，最理想的就是一個漢薩同盟式的城市結構，這個城市結構應該是從上海、寧波一直延伸到北海，遍佈整個東南沿海。這些地方如果都能像漢薩同盟一樣建立一系列具有自治權的城邦組織的話，那麼它很容易把世界，至少是整個東亞的經濟中心都集中到這裡來。

其實，深圳得到的，就是上海所失去的地方。從這一點來說的話，它的成功其實是沒有多少可喜的地方。你也可以想像，如果將來對香港的壓力逐步增加，以至於香港原有的普通法傳統和自治傳統受到嚴重侵蝕的話，那麼香港連同它附屬的深圳，未必不會變成五十年代的上海。這個問題都是主要看周圍的環境演化。在中世紀末期的時候，安特衛普（Antwerp）* 曾經像一九二〇年代的上海和現在的香港、深圳一樣，是地區經濟中心，而阿姆斯特丹則是微不足道的農村。但是宗教改革以及西班牙人洗劫安特衛普後，當地的資本和人才就統統逃到阿姆斯特丹去了。

香港的成功，是五十年代以後上海失敗的產物，它得到的就是上海所失去的。深圳所得到的其實就是內地失去的，至少就是從寧波到北海這一片沿海地區失去的。如果這一片地區也有良好的自治政體制度的話，那麼資本和人力會自然而然的就近聚集到那些地方，而不會來到深圳。如果你的鄰居家都著了火，他們自然會帶著他們的財產跑到你家裡來，使你的家裡顯得財產很多。深圳的成功主要是這一方面的成功。或者更正確地說，它的成

* 安特衛普位於今天的比利時，在中世紀時期為西歐的經濟重鎮，其地位後來被新興的荷蘭所取代。

功是巨大的中華帝國體制過於僵化的一個消極的結果。

◎中國三十年的新經濟政策帶來無比光鮮的局面，類似的「成就」在世界歷史上有先例嗎？

當然有，托勒密王朝統治下的埃及就是一個典型。它一方面能夠比過去由法老統治的埃及開發出更高的產量，因為它擁有從希臘輸入的，就相當於是現在從西方輸入的先進技術。希臘人在物理、灌溉和行政管理方面都比古老的埃及人要發達得多，開發海軍和貿易尤其是古老埃及所不能懂的。古埃及基本上依靠尼羅河，不依靠貿易收入；而托勒密王朝和亞歷山大則把埃及變成了地中海世界最大的貿易國。同時他們得到了埃及大量的順民，這些人擅長勞動，不擅長戰鬥。如果地中海世界永久保持和平的話，那麼希臘羅馬的自由公民是不可能像埃及的農民順民那樣，一天工作十六個小時，寧願餓死也不反抗，國家把尼羅河水和空氣都賣給他們了，他們也不敢放屁。就是依靠這樣，托勒密埃及才能積攢比羅馬和希臘大得多的財富。

◎世界上最大的幾家公司，包括中國的騰訊和阿里，近幾年來一直保持著高速增長的狀態。這是為什麼？

這是典型的屌絲經濟或者說是奴隸勞動的問題，跟南北戰爭以前南方奴隸的棉花經濟迅速增長、或者是第一次世界大戰以前埃及費拉的棉花經濟迅速增長是同一個道理。關鍵就是，你要擁有大量非常馴服而廉價的勞動力，這些人的人頭本身就可以構成一個巨大的市場。現在的話，你在印度也可以找到類似的現象。目前的費拉經濟也就是東亞和南亞這兩塊。費拉經濟或者說是奴隸勞動經濟的特點就是，技術深度很淺，一般都依靠引進的技術，而且只能引進很淺一部分，像是奴隸勞動力使用不了太高科技的農業機械那樣。它依靠其他地方開發出來的技術，以粗放的方式引用了一小部分，但是依靠勞動力的廉價和人口的眾多，雖然取得極薄的利潤，但是因為對象市場的廣大，每一個身上取得極薄的利潤，加起來總數仍然非常可觀。實際上這跟東方帝國的稅制也是差不多的，從每一個人頭身上撈到的好處很少，稍微增加一點就要吃不消，但是由於人頭的眾多，編戶齊民的眾多，加起來的總量仍然非常可觀。自由城邦的少數自由民，每一個人雖然賺到了很多，但是因為人口基數不大，反而加起來的總數不多。這種模式的難處也就是在於，它會很快地達到它自己的瓶頸。它如果想要深化或者是增加利潤的話，那麼最薄弱的環節就很容易破裂。

◎亞洲最大市值的上市公司為什麼是騰訊？

主要是因為騰訊最不靠譜、最屌絲、最沒有原則，而東亞最大的市場就是屌絲市場。騰訊的創始人和它的主要決策者主要是依靠本能，而非策略，非常理解屌絲需要什麼，所以他們能夠比僅僅根據理性和策略來做市場規劃的人，更加準確的把握這個新興市場。同時他們和他們的目標客戶群體一樣的不講原則，為自己不講原則的生存策略感到非常自豪，因此他們的市場擴大得非常快。他們是費拉企業的典型，他們願意做匪諜，但是從權力鏈的生態上來看，他們還沒有資格做匪諜，只能夠隨時隨地給匪諜打一些下手。然後他們的會計師又像是中國的大部分會計師一樣，很擅長於做不講原則的帳目。

◎如何看待目前中國的財稅改革？

目前中國沒有什麼財政改革，只有一系列混亂的應急汲取措施，也就是俗稱的「割韭菜」。實際上，李克強政府推行的每一次財政改革都沒有超過三個月時間，而且前後之間也不連貫。很明顯，他即使是有這個計畫，也沒有這樣的能力推行財政改革。現在是不是有這樣計畫都還很成問題。稅收方面，是有迫於急需的活動，但這些活動像是一個掉進水裡面的人不斷地喝水那樣，談不上是一種改革，只是一些應急措施而已。就實際形勢而言，反正錢總要有人出的，採取什麼形式雖然有優劣之分，但是最後的後果都是一樣的——只能通過打土豪來解決。要讓吳越和南粵這兩個小小的財政基地來維持包括內亞

（指新疆西藏內蒙古等地）、駐馬店、紫禁城在內的巨大負擔，是根本不可能的。從地圖上看中國雖然很大，但是具有生產力的部分其實連越南的面積都趕不上。越南也就是靠那兩個三角洲，中共也是靠那兩個三角洲，其他的地方都是消費性的，而越南背的負擔比中共背的負擔要小得多，所以中共的土豪一定會比越南的土豪要慘得多。這就是基本盤。基本盤之下具體應該怎樣調配，誰更倒楣一些，誰稍微少倒楣一些，那都是非常次要的問題。

◎請您談談中國企業組織，有什麼特點？

組織資源要依靠你的歷史積累，而中國的特點就是沒有歷史積累，所以大家都只想掙快錢，只有眼前的臨時的結合，隨時都可以相互背叛。這樣的組織像是一個患有心臟病的人，坐著不動的時候，看上去跟別人沒有什麼兩樣；一旦稍微遇到一點點外來壓力，就會分崩離析，相互鬥爭起來，因此總體上來講是靠不住的。你不能夠僅僅根據它的外形就加給它自己不能勝任的任務，你只能夠把它當作一種臨時的工具，能利用的時候先利用一下，隨時準備扔，不能做過多的投入。過多的投入了，把你自己變成唯一被捆綁的角色，當時候犧牲的就會是你。

我前面講過，企業像一個共同體，或者是像一個邦國一樣，主要是看它自己的歷史傳承。日本有很多老牌企業都是江戶時代甚至更久遠時代的遺存，基本上體現它的封建結構。中國現有的企業，其實大體上可以分兩類：國企和民企。國企又可以分為兩類，一類是匪諜，像華潤這種企業，它就是伍豪同志（「伍豪」為周恩來的化名之一）當年在上海、香港，或者是國統區、白區搞統戰的時候建立的白手套組織，表面上是企業，實際上是間諜的掩護機構。你要明白這一點，才能夠搞清楚它現在搞的那些陰暗的鬥爭傳統是怎麼來的。第二種呢，是接管的國民黨的國有企業，日本人建立而被國民黨接管的國有企業和沒收的私人企業，這些東西等於是一種被征服的組織。民企有兩種，一種是為外資企業打雜的，另一種是為國有企業打雜的，總的說來就只有這兩種，還沒有一種是能夠真正形成獨立體系的。

◎什麼是「國企人格」？您怎麼看中國的國有企業體制對人格的影響？

第一是什麼也不會幹；第二是要證明，什麼也不會幹不是因為什麼也不會幹，而是什麼也不想幹；第三是要證明，什麼也不幹比幹活的人要更高明。這是典型的國有企業的人格。如果你在國有企事業單位長大，那你滿眼見到的都是這種人，可能四分之三的人都是屬於這一類的。即使是剩下的三分之一，他們的工作方式也受這四分之三的人的嚴重影響。所以整體上來講，絕大多數人都是混飯吃的或者說是負資產，必須要依靠外來的資金和技術不斷輸入才能夠避免迅速退化成為一攤爛泥。這樣的人能夠產生，那就說明養育他的微環境實際上是已經存在了，就好像是霍亂容易在沒有消毒的環境中流行。某一個環境能夠產生出這樣的人，那就說明這樣的機構本身就不正常，它顯然不是那種能夠創造價值的公司。而這樣的公司能夠混得下去的話，那麼它必定是背後存在著某個支持機構，多半它不是為自身而存在的，而是為其他的某個目的而存在的，通常的公司的存在目的和存在方式對它來說是不適用的。你要留在這樣的地方，實際上跟留在國有企業是差不多的。

你當然也可以跟這樣的人鬥，但是你注意，一個創造價值的公司是一開始就不會出現這種人的，就好像是陽光普照又打掃得乾乾淨淨的地方不會到處都有蟑螂或者霍亂菌一樣，所以你即使是鬥贏了他，也不見得能夠取消產生他這種人的機制。你是不是要留在這樣的地方，是很成問題的。如果你決定要留在這樣的地方，對付這種人其實是很簡單的，你只需要比他更懶、比他更會找茬就行了，在國有企業裡面生存也就是這樣。但是這樣的勝利對你來說是極其不划算的，因為這樣做，過了一段時間你也變得跟他差不多了。一般來說，國有企業裡面的人都是用這種方式競爭的，競爭的結果是把所有人都變成垃圾了，包括你自己。由於你所在的這個小生態環境並不是整個世界，所以你這樣勝利的結果實際上是被他拉下了水，把你自己以後可能有的機會都斷送了。

只有兩種人能夠在國企占到便宜：第一種人就是領導，可以把國企當作提款機、小金庫，可以安插各種三親六戚，好培養黨羽、或是親信；第二種人就是流氓無賴型，就專門坐著不幹活，一杯茶喝半天，只要有任何需要承擔責任或者需要出力的事情，特別擅長於找各種藉口證明這都不是我的事情，都是別人的事情。除了這兩種人以外，任何人在國企都是吃虧的。既沒有得到實際利益還有威望的那種人是最吃虧的，因為他為了維持自己的威望，還非得多幹活不可，而多幹活又不能多撈到利益，所以這很明顯是一個被消耗的階級，而且國企的機制基本上就是設計好了來消耗這種人的。所以你要是非要有威望不可，那就別在國企幹了；如果非要在國企幹的話，無論如何都要學會，要麼做赤裸裸的剝削者，要麼做賴皮小流氓。

◎中國為何要大興土木，建造無數高樓大廈、高速公路之類的工程？

中國的大多數工廠企業產出來的劣質鋼材和其他劣質產品，如果不用來修建劣質房屋和劣質橋樑，就根本沒有什麼銷路。如果它們沒有銷路的話，依靠這些劣質企業為生的眾多勞工就會迅速失業，這樣造成的治安後果是很難承受的。何況這些企業本身都是相關官員的政治資本，這些官員依靠這些政治資本，像李鴻章依靠北洋艦隊一樣，失去它們無疑會對官場上的勢力平衡造成非常危險的後果。維持它們呢，只需要增加更多的貸款，而貸款這件事情，可以通過更多的發行貨幣、更多的借債把問題推遲到以後，以擊鼓傳花的方式來解決。在博弈的所有各方當中，沒有出生的嬰兒是最弱勢的，所以博弈的結果必定是不利於他們的。

◎中國為何要到國外（主要是非洲），出錢出力，為當地興建基礎建設呢？

中國在國內，幾十年來都是在搞低水準的基礎建設。它產出的鋼品質比較差，不光是鋼，其實各種產品都是這樣，品質很差。如果你要賣到發達國家去，多半是賣不出去而且不合格的。但在國內製造一些品質比較差的房子或者是其他什麼建築之類的還可以過得去，因為普遍的標準都比較低，這樣你就可以過去了。只要基礎建設還能不斷擴張，這種模式還可以一直繼續下去。但是基礎建設接近飽和，實際上是過飽和，因為投資導向的情況下，你肯定要搞無限的重複建設。像武漢那種亂七八糟的城際高鐵，肯定像是希特勒造出來的那些高速公路一樣，超過了經濟發展的必需，實際上是賠本的GDP工程。在這種情況下，機器要運轉下去，你必須把基建擴張到國外去，比如說到非洲、巴基斯坦什麼地方去造港口，也只有那些地方才能容忍你的低品質。你如果不去造的話，那麼國內你已經沒地方造了，連重複建設都造不下去了，也許在新疆和西藏還可以造一造，但是哪怕你在湖北這樣的地方都已經造不動了，上海也根本就沒有你再搞基建的餘地了。這種情況下你怎麼辦呢？那就像是自行車一樣，自行車必須不斷運轉，一停下來自行車就倒了。自行車倒了以後，那麼各式各樣的包工頭和他手下的民工隊怎麼辦？難道讓他們餓死嗎？在這種情況下必須為他們找出路。

找出路，在發達國家，不用說，你產業升級沒有升到，要麼是根本失敗，要麼就是雖然有一定的成就，但是遠沒有達到能夠混的出去那個地步；只有在不發達國家，所謂的失敗國家，基建還沒有完成的國家，你還可以到那兒去繼續幹你的包工活兒。但這些國家，你想想，它為什麼會失敗？為什麼過了這麼長時間還沒有人給它搞基建？答案很簡單，因為它是那種能借錢但是不能還錢的地方。比較理性的金融家是不高興賠本的，不會把錢借給你然後讓你還不起。它如果有信用的話，老實說，它早就把這些工作搞起來了，不會等到你來搞。那些發達國家又不是搞不起來，如果人家能夠償還的話，他們為什麼不借點錢去搞？答案很簡單，就是因為照金融家的正常計算來說，那些地方是沒有償還能力的。而亞投行或者是其他一帶一路搞的東西其實是這樣的：中國把中國的過剩資本借給那些國家，然後那些國家用那些錢來雇傭中國的包工隊，到那裡去修橋、修路、修港口之類的，這樣中國的這些包工隊就有就業機會了。然後修好了怎麼辦？很好，我現在已經可以預見到情況是怎麼樣了：它肯定還不起。但是那已經是五年十年以後的事情，目前我們可以混過關。這個邏輯就是這麼簡單。

這樣一出去以後肯定會引起無窮的衝突，肯定會有西方人來指手畫腳，你這兒不合規範，那兒缺乏監管，這個工程怎麼這樣，那個工程怎麼這樣。其實這些事情在國內都是司空見慣，但是一旦出了門以後，馬上各式各樣的罵聲和衝突就起來了。同時，當地的老百姓，一方面還不起錢，但是還不起錢並不意味著他不罵你，他也會說「中國人怎麼這麼壞，只雇傭他們自己的人」，儘管他們本地的老百姓可能是太懶了，或者是缺乏工業紀律，或者是在工會保障之類的方面按照英法殖民者給它立下的高標準來要求，不像中國農民工那樣好欺負。總之衝突會接二連三，最後你很可能是花了錢把工地建起來，人家不還錢，而且還要來場排華運動。同時西方國家會給你做一個適當的解讀，證明你這是新殖民主義的體現。諸如此類的事情基本上是無法避免的，衝突會疾如閃電地上升。此時中國就更有理由，咆哮著說帝國主義在陰謀陷害我們。

◎請問中國若狠砸錢與人力投入晶片等產業，是否會威脅到美國，畢竟中國人口這麼多，錢似乎也可以印很多……而科技進步似乎與民主關係不大？

科技跟自由關係很大，跟民主沒有什麼關係。納粹對德國科學的損害是很明顯的。德國科學本來經過威廉・洪堡等學者百年來的經營，在十九世紀末已經登峰造極，實際上在純科研方面已經超過了英國，甚至美國二十世紀初葉的大學都是根據德國模式改進的，而不是根據英國模式的。但希特勒把他們當中最出色的一些人趕到了國外，眾所周知是嚴重損害了德國的科研發展。但是科研水準反映的是上一代人，而不是下一代人。三十年代的德國科技反映的是第二帝國和威瑪共和國時期的科研體系，而不是反映納粹時期的科研體系。如果納粹的科研體系維持了三十年以上，它造成的損害就會顯示出來，但是納粹沒有維持到那麼長的時間。蘇聯的科技並不出色，直截了當地說就是二十年代德國援建和四十年代美國援建的山寨版，但它山寨得比中國要高明得多，所以，相對於中國來說的話它已經很出色了，但是相對於德國的話是根本沒法比的。

中國當然會、而且其實早就在一直砸錢來搞這些事情，但他們除了收穫騙子以外也沒有收穫到別的什麼東西。實際上中國的科研體制並不是真正在搞科研，而只是提供一個白手模式的掩護，真正的技術是偷來的或者騙來的。而涉及這麼多科研人員，主要的目的就是為了證明我們其實是自己研製出來的，但是他們跟真正的研發其實是不發生關係的。像華為這樣的東西，它本質上就是克格勃（KGB）的一個退化版。蘇聯的克格勃間諜是直接能夠到五角大樓去偷技術的，但由黃俄的徒子徒孫主持的時候，就只能用假公司去偷一些民用技術，沒有辦法像蘇聯當時那樣耀武揚威，要國務院就國務院，要五角大樓就五角大樓，英國情報部門最高級、最機密的單位裡面到處都是克格勃的間諜。現在你只能夠到民用公司去搞。這實際上是一種退化，但是基本性質還是一樣的，也就是說，你自己設置的那些科研，包括華為理論上的那些研發部門，其實都是當擺設用的。

華為之所以要提倡狼性文化，骨子裡面就是這個原因。狼性文化是什麼意思？它就是共產黨搞整風運動的那一套SM學。中國有很多傻子將任正非當作企業家，其實他就是一個匪諜頭目，根本就不是靠搞企業管理起家的。企業管理成效與否，對華為的工作業績一點影響都沒有，但是他需要搞這個給他做障眼法。就好像潘漢年他老人家在搞特務活動的時候，他是不是也要開一個公司，跟其他人做一做生意，向香港或者上海的當局證明，他老人家其實是一個合法商人或者是幹其他合法活動的，並不是來搞特務工作的。任正非當然也是這個樣子。狼性文化的作用就是：第一，把那些比較有個性、有想法、有才能的人擠走，因為這些人太聰明了，留在公司裡面會看出你的破綻；第二，把留下的那些傻瓜用類似毛澤東整風運動的方式洗一洗腦，讓他們養成一種本能地不敢動腦筋、一動腦筋一獨立思考就要渾身發抖的心理習慣，同時還要讓他們像小粉紅一樣真心相信，吃苦就能創造價值。

當然這是胡說八道，從來沒有說是僅僅靠吃苦就能創造價值的，但是經過洗腦以後形成一系列錯誤的思想連接以後，你就會以為，領導這樣整我其實是為了我好，因為我這樣吃苦，所以我們才取得了成績，所以等我長大了或者升了官以後，我也要用同樣的方法去折騰我的下屬或者折騰我的兒女。這樣SM文化就一代一代傳下來了。共產黨的黨文化就是這樣一代一代傳下來的。它掩蓋了真正的、基本的事實，就是它的技術其實都是偷來的。然後這些被SM的員工就像是一九五八年大煉鋼鐵的時候，一邊唱著熱愛毛主席的歌曲，一邊歌頌：大煉鋼鐵好得很，爐裡面煉了鋼鐵，爐邊煉了人。然後他們就相信，鋼鐵工業真的是靠他們這樣瞎折騰發展起來的。華為需要培養的就是這些人。

所以，任正非才會特別要開除一個給他上書論證華為發展戰略的大學生。別的企業家也會碰上很多不靠譜的建議，但是一般來說他根本就不會理睬。如果有靠譜的建議，他就提拔重用；有不靠譜的建議，推到一邊就行了。而任正非卻大發雷霆，說是要把這個大學生送進精神病院。請問他為什麼要這麼做？這就是因為他本質上是一個匪諜，他非常害怕他底下的員工有考慮公司怎樣發展這樣的想法。由這樣的想法開始，他就會懷著好奇心去探討公司真正的業務，最後就會發現公司真正的目的。這樣有獨立思考的人不能留，一定要首先把他趕出去。真正的企業家是不會這樣做的，真正的企業家要麼會覺得這樣大膽、有好奇心的人是個人才，需要培養一下，要麼覺得他只是一個荒誕的、提不出什麼像樣建議的人，就根本不理他，不浪費自己的寶貴時間就行了。

從華為的個案，你就可以看出中國的市場經濟是在搞什麼。它不是在搞市場經濟，它是利用市場經濟、利用民營企業作為白手套去偷技術。這個做法跟潘漢年、周恩來在四十年代的香港和上海、六十年代的香港和曼谷所做的事情是沒有任何區別的。當然，這些把戲也只有周恩來和潘漢年這種地地道道的黃俄才懂，習近平和他那一幫被ＳＭ過的山東老幹部是不懂這一套的。他們已經被ＳＭ得兩眼發直，頭腦呆滯，完全分不清楚誰是誰了。然後他們就會真的相信，像大煉鋼那樣，好好ＳＭ一下，按照現在的方式再多投入一點錢，技術就會出來。然後他們就會說，美國的技術有什麼了不起，我們自己照樣能夠開發出來。然後閉關鎖國，一切國產化。國產化的結果就是，大家又去以現代化的方式大煉鋼鐵了，對著習主席的肖像，念著習近平思想，然後開發出國產產品。

我敢打賭，他們保證會開發出來的，一定會領到幾十億幾十億、幾百億幾百億的經費，而且也會開發出像東方紅衛星那樣傻大黑粗的東西，比蘇聯已經落伍的技術還要再落伍兩代，但是國內的小粉紅和廣大民眾卻會因此相信，這些東西確實是最新、最先進的東西，確實已經打破了帝國主義的技術封鎖，我們已經用不著帝國主義了。這其實是一個皆大歡喜的結局，帝國主義也滿意了，小粉紅也滿意了，大家都滿意了。

◎為什麼列寧主義國家喜歡在體育上搞舉國體制？但是舉國體制下的運動員和歐美半專業性質的運動員同場競技，卻完全不占優勢呢？

這個跟計劃經濟的方式是一樣的，把所有資源都集中起來，按照顛倒輕重的順序，把最符合國防和戰略需要那一小部分裝點起來，代價是犧牲農業和輕工業大部分利益。其實列寧主義整體都是這樣的，集中力量辦大事、組織化和格式化的目的都是把所有資源集中起來，培養極少數人，然後這極少數人在大量資源的援助之下，自然而然的顯得有突飛猛進的成績。自然發展起來的東西不可能那麼快，就好像你不可能在一個生態系統中間，把地衣、苔蘚、微生物的資源全集中到極少數寵物身上。如果你能夠做到這一點，那你的寵物一定能以神速的速度長得非常之肥壯。但是正因為是這樣，在底層被擠空了以後，雙方之間的差別會顯得非常之刺目。

然而，計劃經濟有著很大的弱點。你可以讓人民公社的全體社員都餓得半死，然後讓劉少奇和鄧小平在國宴上拿出很精美的飯菜來。這些招待外國人的飯菜是以全國大多數人的挨餓為代價的。舉國體制裡面培養出來的少數精英運動員，也是以全國絕大多數中小學生連像樣的操場都沒有為代價而實現的。但是那幾個極少數的運動員得到了很多資源以後，如果他原先是貧下中農級別的話，他的身高會升得很快，但是也就是升到中流的水準。升到中流水準，再往上升，那就要依靠個人特殊性的素質了。但是計劃經濟是最不適合於培養個人特殊性的，它壓制個性，要求推行統一的培養方式。如果你的起點很低的話，用這種方法能夠很快的提高到平民水準；但是從平民水準提高到高水準的話，那就是非常困難了。

◎中共以「環保風暴」的道德名義，大量關閉工廠、取締民間企業，表面理由是為了環境的永續發展，但是中共真正的目的是什麼？

當然是為了消滅民營企業，只是藉口變了一下。「三反五反」[9]反的是什麼？反貪污、反浪費。那些跳樓的企業家是因為他貪污了還是浪費了才被跳樓的？當然不是。原因就是因為他們是民營企業家。清除民營企業是一種組織和技術的調整，取決於你自己的出身，取決於你在政治體系中的生態位。也就是說，你既然是開明士紳那個生態位，而過了利用時期，過了統戰時期，失去了統戰價值，那就需要找一個藉口消滅你。消滅的藉口是反貪污反浪費，還是不環保不衛生，那是根本無關緊要的。當時提出反貪污反浪費，無非是因為這個口號比較流行，而現在環保衛生的口號可能顯得比較高大上了，差別就是在這一點上。至於就業、經濟那些事情，第一，這是費拉關心的事情，第二，頂多就是地方上那些搞裙帶關係的小幹部關心的事情，列寧黨的核心從來不在乎這個。

你首先要明白一點，改革開放這種事情，從列寧搞新經濟政策**到現在，它針對的並不是你們這些自以為了不起的民營企業家，並不是這些小地主小資本家，人家所針對的是西方的帝國主義資產階級，是那些擁有技術、能夠提供技術輸液管的海外企業。它的根本

* 指一九五一年至一九五二年間，毛澤東等中國共產黨高層以「反腐敗」、「反貪污」等名義，主要在東北、天津、重慶、上海推動的兩場政治運動，許多資本家和商人被迫害自殺。

** 指一九二一年蘇聯內戰結束後，列寧推動的經濟改革，包括實施實物稅、允許商品買賣、鼓勵外資企業投資。當時許多人將此政策視為對共產主義的背叛。

目的就是用市場換技術，去把美國、德國的企業請進來，把廣大的蘇聯市場——或者說現在是中國市場提供給他們，讓他們有錢賺。在讓他們有錢賺的前提條件之下，把他們的先進技術騙過來，然後等到技術騙到足夠，覺得可以內循環幾十年、可以支援一段時間的涼戰或者熱戰了，然後它就會翻臉，再把這些企業趕出去或者沒收掉。這就是列寧那個跟資本家做絞索生意的策略。

在對外開放的過程中間，本土的某些中小企業、肉豬企業、地主資本家也會因此得到一個生路，然後你就可以做開明士紳李鼎銘先生。其實那只是中國在統戰盟國和國民黨的過程當中順便地放開了政策，結果使一批不知死活的貧下中農有機會發財，變成富農、變成地主或者變成民營資本家。然後在它跟帝國主義翻臉、打朝鮮戰爭的過程中，這批人必然要被清理掉，以土改、以三反五反、以各種藉口把他們清理掉。清理的過程甚至主要的都不是為了你的錢。看上你的錢的，第一是本地的貧下中農，第二是本鄉本土的小幹部。貧下中農在列寧黨的體系中間毫無地位，小幹部在列寧黨的體系中間也是沒有決策權的。列寧黨眼中，你們這些人都只能算是附帶傷亡。它在統戰羅斯福總統和美國、德國的先進企業的過程中間，順便給你們抬了一抬手，讓你們這些野草長起來了，然後在翻臉的過程中文順便把你們收拾掉，僅此而已。

你們能夠給它提供的這點好處也無非是那幾個臭錢，那幾個臭錢能夠讓地方上的小幹部看著眼紅，但是對列寧黨的核心來說根本一文不值。列寧黨的核心在乎的是，美國公司進來開工廠的時候，可以從他們那裡偷到一些坦克技術、飛機技術、潛艇技術，這才是它想要的。錢這東西，地方上的小幹部在乎，核心幹部是一點都不在乎的。所以你說的這些問題，在他們看來是完全不值得考慮的東西。沒有了怎麼辦？苦難行軍，餓死一大批，餓死三千萬，然後再殺一批小幹部出來立威，把責任推到他們身上，那就足夠了。列寧黨的核心已經撈到了足夠吃十年或者二十年、三十年的技術，然後時間過了以後，它再想別的辦法。這就是它的基本戰略。從新經濟政策到改革開放，核心是用市場換技術，也就是說，用俄羅斯和中國這個大市場給美國、德國企業賺到的錢，來換取他們的先進技術。你們土鼈、地主、富農、資本家這些，根本不是交易的一方，你們沒有任何值得列寧黨交易的東西。

如果你們以為自己已經是開明士紳、具有了交易條件的話，那你們就是大傻瓜，你們注定是土改和三反五反的對象，只不過鬥地主和鬥資本家的藉口可以與時俱進，僅此而已。真正夠資格做士紳或者說做買辦的人，是不會辛辛苦苦把自己變成開明士紳和愛國資本家的，他們早在一九二八年上海淪陷以後就已經腳底抹油跑掉了。之後這幾十年——在抗戰這些年，在統戰這些年，在改革開放這些年，在新經濟政策這些年，那些沒有在十月革命以後就跑掉的貧下中農辛辛苦苦把自己弄成新富農、新資本家，只能說明你自己的政治素養太差。你把自己弄成了「肉豬」這件事情就已經說明你的政治素養太差了，政治素養差是無藥可救的。

◎中國的產業，未來隨著局勢的發展將會有什麼變化？習近平能控制哪些產業，哪些他控制不住？而國際資本和國際資本的買辦又會怎麼樣？

中國目前的主要產業實際上就是在幾個紅色家族之間分贓的。例如像普洱茶和稀土產業這些東西，它們的所有權都是不固定的。無論它們形式上是國有還是有一部分是私有的，都無關緊要。即使是私有的，現在你也可以看出，像馬雲、馬化騰和柳傳志這種大企業家，完全是聽令於他們幕後的政治保護人。例如習近平家族最近就得到了很多新的份額，當然是以犧牲其他家族和派系的利益而實現的。反過來說，這樣得到的份額或者股權之類的，跟它形式上無論是用社會主義原則還是資本主義原則顯示的產權都是沒有關係的，只是一個臨時性的權力分贓，一切利益都是從屬於這些權力分贓的。在這之下的比較小的產業就是一般費拉比較熟悉的樓堂館所、旅館和歌舞廳，那些是地方GDP利益集團——例如公安系統、交通系統、地方駐軍系統諸如此類的領導瓜分下的產物。他們因為級別和地位比較低，瓜分的產業的層次也比較低。

至於普通人，他們能夠搞的都是一些極其可憐的小生意，跟蘇東坡或西門慶的時候可以開辦的飯館和餐館之類的東西的層級是差不了多少的。在這之下，中國絕大多數人是比西門慶時代的苦力都還不如的。當然，所有這些產業的興衰，例如區塊鏈之類的，其實都是政治投機，跟它們自身的效益好壞、技術是否先進、有沒有發展前途一點關係都沒有，就是它們幕後不同層級的政治保護人之間的博弈決定的。當然，在這個體制之外有眾所周知的穆斯林拉麵館、黑槍團夥或販毒團夥，這些東西倒真是不受或者是不需要直接受上述的權力博弈和政治保護人關係的約束。這些東西在局面比較混亂的情況下，例如在千島湖事件（一九九四年）的那個時代，它會自然而然地長大，吃掉一部分費拉，形成一個白道和黑道瓜分江湖的局面。但是無論是白道還是黑道，骨子裡面都是憑武力博弈來確定他們的市場份額的，跟教科書上所謂的市場經濟或產業結構之類的都是不發生關係的。

◎現在這種大形勢下，中小企業如何自保或者說怎樣避險效率最高呢？

首先要不被別人吃掉，然後才可以吃掉別人。像現在這種情況，能夠不虧本就是最大的勝利了。所以最重要的事情就是要減少活動，活動越少，冒的風險就越少，可能受到的損失就越少。坦白的說，現在不是搞實業投資的時候，本來就是應該把資本撤出來，撤到海外去的。按說的話，即使撤到海外需要一定的或黑或白的手續費，遭受了損失也比在國內經營實業要好。在國內，唯一合理的辦法就是蟄伏，而蟄伏的話，其實安全程度還不如把資金撤到美國去。

◎請問您如何評價中國到處都有的「扶貧」工程？這是為了打擊貧困地區的基層自組織嗎？

當然是為了削平所謂富裕地區的土豪，給他們施加更大的負擔。在貧困地區，這些錢自然會用到負責經營這些錢款的衙門和相關組織去，這是眾所周知的。「扶貧」主要就是為了控制扶貧輸出去的財政結構，防止它成長到一定結構就形成自己的自組織。當然，它對貧困地區的作用也是很有害的。貧困地區只是在富裕地區看來算是貧困，它其實也有自己的能人，也會圍繞著自己的能人不斷形成自組織。大量的貨幣掌握在政府部門、用政府部門的支出來淹沒當地市場以後，這些地方上原本自發產生出來的能人和他們小小的經營就完全喪失意義了。就算是原來有一點自組織，也都長不大了。但這是一個附帶的效果。吏治國家的眼睛是只看上不看下的。對於沒有長大的自組織，它是看不見的。它看到和打擊的，是那些比較大的、長得比較高的東西。

◎如何解讀中國設立大灣區城市群的戰略意圖？是否為了有意降低香港／澳門的政治地位？

中華人民共和國的大灣區計畫，其實就是當年國民政府在一九三五年前後設立的「大上海特別市計畫」。「大上海特別市」是什麼東西呢？就是滿洲帝國吳越督軍轄區的上海縣、工部局的上海自由市和法租界的總和。當然其目的就是，用國民政府能夠掌控的「華屬上海」*來同化和消滅長期習慣於自由城市地位和普通法統治的上海自由市。

這其實是一個自相矛盾的格局。上海之所以寶貴，是因為它有錢有技術、它之所以有錢有技術，是因為它是自由市。等上海特別市把自由市的傳統消滅乾淨以後，上海就跟蘇州沒有區別了，因此你從上海得到的資源也要大打折扣了。香港今天的情況跟上海一樣，大灣區就是今天的上海特別市。中共像當年的國民政府一樣，抱著自相矛盾的希望，既希望從香港這只下金蛋的雞手中撈到技術和資本，又希望它能夠乖乖聽話。但是正如所有的有常識的家庭主婦都知道的那樣，能幹的媳婦不聽話，聽話的媳婦不能幹。聽你話的人就是想要吃你賴你的人，能夠給你掙錢或者能夠替你辦事的人都是不聽話的，這兩者是不能兩全的。你走上了這條道路，得到的結果必然就是兩者之一。或者它有能耐，它就乾脆不聽你的話，直接獨立了，你竹籃打水一場空；或者你能夠壓住它，那麼你能夠從它身上搞到的好處就統統煙消雲散了，反而得到一個負擔。

◎現在中國的年輕人如何脫離貧窮？

現在的年輕人已經不可能通過正當和合法的方式擺脫貧窮了。要想脫貧，你就得幹一點像是走私販毒諸如此類的事情。順著華人社會中層階級、小資產階級以為是正當合法的那些手段的話，你只會越來越窮，投入大量的資本，然後什麼也得不到，跟在一九九〇年

＊ 華屬上海，即上海縣。一九二七年北伐後的上海是由吳越軍閥控制的上海縣和西方列強控制的租界所構成，實施不同的政治和管理制度。國民政府的大上海計劃就是收回租界，用上海縣的治理模式取代列強的上海商業自治體系。

代付了很多錢到國有企業去當職員的那些大學生是差不多的，當時他們以為自己是占便宜的，但不到幾年他們的企業就完全垮了。現在投大量的錢讀博士、讀碩士的那種人也差不多，等他們出來的時候，學生減少的浪潮就要從中小學波及到大學，他們付了很多錢讓別人做老師，等他們自己做老師的時候就會沒有學生。做公務員的、做國企職員的或者其他什麼人，得到的下場也是差不多的。

十一、暴力不是問題，對暴力的錯誤理解才是問題

◎各地頻繁發生精神病砍人事件，這跟社會散沙化有關嗎？

根據我對精神病的瞭解，精神病人是不會砍人，至少是很少砍人的。我覺得應該是大眾或者是外行看到有人在砍人，就說他是精神病。其實這裡面的精神病只是一種罵人的策略而已。我想，砍人的人並不是精神病，而是根據列寧主義戰爭狀態的正常邏輯得出的結論：我現在不砍你，不是因為我不恨你，只是因為砍你，我也要死；但是如果我已經走投無路了，那我砍了你也就沒有關係了。列寧主義社會的特點就是，實際上整個社會所有人都是處在暴力壓制下的一種准戰爭狀態。只要暴力的壓制一旦撤去，或者自己沒有什麼可怕的，那麼所有人對所有人的戰爭會自動浮出水面。如果砍人的人增多了，那就是說走投

無路的人增多了。僅此而已。

◎您曾比喻中國現狀為「不死不活地爛下去」。請問在這種環境中成長出的新生代中國人是否比他們的父輩還要有所不如？

在哪方面不如呢？這個你要看衡量的標準了。新生代的中國人，也許會比父輩更擅長要小聰明，但是他們畢竟是沒有見過血的一代，無論嘴上說得多麼聰明，實際上缺乏身體經驗的話，會對他們的反應能力構成相當大的影響的。上一輩人，無論你處在什麼樣的地位，都是經常見血的，經常習慣於那種深入到社會基層每一個細胞的馬基維利主義，先下手為強、凡事先做絕了再說這種傳統。這種身體力行的實踐對人的行為模式實際上影響是非常大的，在家庭內部都可以清晰的感覺到。下一代，我指的是九〇後或是之後的一代，他們在他們自己的學校和生活經歷中間，就缺少這種體驗直接暴力和翻雲覆雨的機會。毛澤東所謂的小資產階級青年缺乏鍛煉，指的就是缺乏這種習慣性的環節。英國的培根曾經引用過馬基維利的話——這話不一定是馬基維利說的，但他說是馬基維利說的——就是說，如果你要找一個刺客的話，最好不要找那種信念堅定、跟你完全一致的人，而要找那種雖然不見得有什麼信念、也不一定跟你立場一致，但是經驗豐富、曾經四面八方搞過各種各樣刺殺活動的人，也就是這個意思。

◎中國自秦朝大一統以來，集權統治二千年，人們渾渾噩噩做順民。因此，倘若中國解體，可能會發生如拉丁美洲的軍閥割據狀態？應該如何避免？

用不著避免，中國解體後能夠出現大軍閥已經是上帝的特殊恩惠了。現在的問題是，恐怕連大軍閥都出現不了，出現的可能都是張獻忠。如果能有幾個張作霖，這已經是意外之喜了，你還反對他幹什麼。要想能夠出現你指望的那種理想狀態，就算是可能的，也需要上百年時間，你不會活著看到那一天的。而且也確實有可能，這樣的東西在東亞是根本不會出現的，張作霖就是你能夠指望的最好結果了。你需要做的就是盡可能地培養、訓練和輔佐張作霖，如果有張作霖的苗子的話，盡可能地為他提供合法性的辯護，不要要求太高。按照白左的那種要求的話，你會把所有的張作霖都打成跟張獻忠沒有任何區別，那樣的話你就真會落到張獻忠的手裡面了。你只能在現在已經存在的政治生態系統產生出來的各種角色當中選擇相對而言最不壞的那一個，而不是按照你事先設定的某種理想去選擇一個你認為是好的、如果達不到你認為是最好的標準那就全都一樣，那樣的話你很容易就落到最壞的人的手裡面了。

◎您認為中國在未來幾代內，一定會因為「中國人」身份認同問題，而爆發某種巨大改變。那麼您認為哪一種身份最適合現在的中國？

恐怕沒有哪一種方式是最適合於現在的中國的。什麼是適合什麼是不適合，主要就取決於當事人的決斷意志。有些事情事後看來是很好的，好像是沒有付多大代價，其實那是因為我們低估了當事人在決斷中付出的巨大犧牲。例如，現在我們很容易把英美看成是和平過渡、建立現代化付出的代價很輕微的一種典範，但是這一點是完全忽視了從宗教改革以來經過長期內戰造成的極度艱辛的痛苦和流血。如果你只看光榮革命以後的英國，你得出的結論可能符合這個偏見；但是你如果從宗教改革開始看，那你不得不承認，在這最近二百年之中，圍繞著認同政治中發生的滅絕性的鬥爭應該是極其殘酷的，殘酷到在有些情況下除了運用肉體消滅以外沒有辦法實施穩定統治的地步。最後在塵埃落定幾百年以後，英國人自己也已經忘記了當時的殘酷。而我們只看到它歷史的後半截，所以就容易認為這是一條比較平順的道路。

然而，實際的歷史沒有我們想像得那麼平順。有些民族看上去顯得比較幸運，實際上是你只看到了它比較幸運的那一系列階段而已。這種情況下，我想除了當事人的決斷以外，沒有任何人能夠替他們做出判斷，說哪一種情況成本比較低或者是比較輕鬆。我只能肯定一點，就是任何決斷都是極度痛苦的。如果不痛苦，那麼這種選擇就不足以被稱為決斷，它就會很像是十八、十九世紀英國的托利黨和輝格黨的政黨政治對抗，或者像近代歐盟共識政治那樣，雖然存在意見分歧，但這些分歧是無關緊要的，最後我們還是要達成共識的。這種情況是會出現的，但是它總是出現在殘酷決斷已經實現之後的幾百年以後，不是所有人都能夠享受到這種幸福的。

◎為何您總是強調明末的流寇張獻忠殘暴嗜殺呢？難道在大洪水的時候就沒有捨生取義的英雄人物嗎？

什麼叫典型人物？像張獻忠就是典型人物。歷史上存在的跟張獻忠有同樣行為模式、同樣吃人肉的人何止千百，但是他既然有點知名度，就要拿他來作為典型人物，代表已經存在過和可能存在過的成千上萬的張獻忠。也許真實的張獻忠反而不如歷史上存在過的、但是沒有他那麼有名的人物那麼典型，但是這又有什麼關係呢？這個東西就是拿來當作具有代表性的符號來使用的。一般來說，大家說到哈姆雷特，指的都是優柔寡斷的人；說到唐・吉訶德，指的都是理想主義者。真實的社會中當然還可能有其他許許多多優柔寡斷的人，許許多多理想主義者，但是我們只要說到唐・吉訶德或者哈姆雷特，大家都知道這是一個具有典型性格特徵的人物，那就足夠了。

在中國，捨生取義的英雄人物當然是有的，例如做媳婦的人在大家都要餓死的時候就把自己的肉割下來讓丈夫或者公婆什麼的先吃，或者是像《聊齋》裡經常描繪的那樣，讓丈夫把自己賣掉，換取一家人逃難的資本，或者更多更可怕的描繪方式，把自己賣給肉鋪，讓喜歡吃人肉的人吃，諸如此類的方法可以救下全家。你喜歡這樣的捨生取義嗎？當然，所有的社會都有捨生取義的方式，但是在比較高檔的社會，捨生取義的方式就會像是英國的戈登將軍或者像是中世紀埃及的薩拉丁那樣；而在孔子的那個時代，捨生取義的方式就會像是子路、顏回那樣。但是，當捨生取義的方式變成我剛才描繪的那種方式的時候，這個社會本身也就是無藥可救了。捨生取義的方式和社會對捨生取義這個詞的定義，本身就是能夠看出高檔和低檔來的。

◎西方的左派團體和費拉有何異同？

西方的左派團體跟費拉不一樣，他們發揮的是如同古羅馬的格拉古兄弟和凱撒這一類民主派的作用。這些民主派反對貴族集團的理由是：我們窮人雖然交不起稅，但是我們畢竟當過兵，為國家打過仗，國家並不僅僅是依靠稅收來維持的，而且還是根據武力來維持的，有武力但是沒有稅收的窮人也應該憑自己的武力撈到各種好處，尤其是為國家打仗以後，等到年老打不動仗以後，國家應該給你各式各樣的福利。羅馬的民主運動是通過為窮困的退伍老兵爭福利開始的，西方的福利國家其實也是這樣開始的。如果沒有全民兵役，那就沒有大眾民主。有了全民兵役以後，既然所有人都打過仗了，即使他不是資產階級，不是納稅人，他也應該享有一席之地。西方左派也是從這條路展開的，跟東方的費拉是不一樣的。

麵包與競技的確使羅馬公民墮落了，也正在使西方的自由民墮落。如果無限期的維持下去的話，很可能會使他們像晚期最墮落的羅馬人和滿蒙八旗一樣，變成一幫完全依靠福利金過日子的人。但是即使如此，他們跟費拉仍然是不一樣的，最顯然的區別就是，他們不勞動。像費拉那樣通過內卷化的方式苛刻的對待自己，苛刻的對待自己的社區，苛刻的對待自己的妻子和兒女，盡可能的不盡社會義務，像牛馬一樣生活，這種事情，所有墮落武士的最墮落苗裔也是做不出來的。他們落到最後最慘的地步，也無非是完全喪失歷史作用以後徹底滅絕，但是即使在滅絕之前，他們仍然是寧願提籠架鳥、唱戲、看馬戲、看鬥獸，也不願意做費拉式的那種殘酷的內卷化工作。

◎辛亥革命時期能產生秋瑾和汪兆銘這樣的勇士，而現在的海外中文圈就只有一群溫和主義的費拉。這是時代退化的表現嗎？

他們那幾個其實都算不上真正使用了武力。武力不是說只有幾個創造歷史的精英人物才需要的，實際上是所有人都需要的。如果你在你的生活中感覺不到短兵相接使用武力的必要性的話，那就說明你其實處在一個特殊的被圈養的環境當中。或者更有可能，你有意識地刪改了你的記憶，把你曾經接觸過、但是有意無視的其他實質上是屬於張獻忠的地區或者時間段從你的記憶中刪除了。後面這種可能性是占壓倒優勢的。我相信，大多數人都有這樣的時間段和這樣的接觸經歷，只是這樣的經歷對他們的裝逼需要並不符合，因為他們想要偽裝成已經生活在秩序極好的偽中產階級社會當中，因此自己具有偽中產階級的階級地位，所以就把這些記憶刪除了。

實際上對於中國這樣一個典型的無產階級社會而言，大多數人，即使是今天已經變成了中產階級的人，在他們的童年時代多多少少都是接觸過（但故意忘記了）必須使用暴力或者是以暴力相威脅的場面。實際上，真正能夠維持充分的和平和安全的秩序在歷史上是很少見的，出現的時間總是在文明比較高層次和高階級的地方。像無產階級社會這種層次本身很低、在歧視鏈上位置很低的地方，他們全社會的成員，如果不是你本人，至少是你的父輩和祖輩，都非常熟悉離暴力極其接近的狀態。只是，他們要麼不願意跟你說，要麼就是你其實本人也接觸過，但是故意地忘掉了這些部分。

不要說別的，在不是很久以前的一段時間，有個中國科學院的院士在廣州，大概就是鐘南山吧，被小偷偷去了錢包，他跟派出所聯繫，然後讓市長給派出所打了電話，迅速地找回了錢包。你仔細想一想，你隨便找一個廣州市的市民，假如他的錢包丟了，跟鐘南山丟的錢的數目是相同的，他去找派出所而沒有市長的這個電話，他會得到什麼樣的結果？偷錢包是最簡單形式的犯罪，實際上你能夠遭遇到的犯罪通常會比這個要嚴重得多。那麼，同一個公安局為什麼要保護鐘南山而不會保護你呢？答案當然是，憑藉他們對階級和暴力的理解。有些人是屬於特供範圍、需要特殊保護的，有些人敷衍一下保護就行了，有些人是完全沒有保護、赤裸裸地暴露在江湖之內，這個無形的結構顯然是存在的。

因此可以說，我以前經常說的龍騎兵地區、敘利亞地區和張獻忠地區是一直存在的。真正屬於體制內，哪怕是在體制邊緣，能夠被保護到、可以不直接接觸暴力和使用暴力就能生存的人，在中國的人數真的不是很多的。一生中都從來沒有遇見過這種需要的人，在中國能不能找出一千萬人來，我都非常懷疑。當然，在日本可能這樣的人會比較多，在歐洲可能會更多一些。這個原因就是因為，他們在世界秩序中的階級地位比你要高得多。

中國除了極少數的金字塔頂端階層以外，大多數人與暴力的距離是非常接近的。而且，這個跟暴力非常接近的階級地位對他們的行為模式有深刻的影響。直截了當地說，絕大多數中國人都從內心深處相信，暴力造成的既成事實是無法改變的。換句話說，無論在什麼情況下，你只能夠把它掩飾過去，或者通過抹煞受害者的方式把這段記憶從你個人的歷史中間抹掉。這對中國人民來說是司空見慣的，而且是他們下意識地認為是生活必要的組成部分的。

正是因為有這樣的前提，所以中國歷史被袁騰飛或其他民小稱之為「極其骯髒的歷史」，就是因為它經常抹煞、歪曲、甚至黑白顛倒歷史的某些部分，使受害者得不到昭雪。請問，這樣的事情為什麼在波蘭得不到容忍，在烏克蘭得不到容忍，在以色列得不到容忍，唯獨在中國可以得到容忍呢？因為大多數人在他們自己的生活當中都是，如果不是親自做過的話，至少也是親自看到過類似的事情。而且，遭遇這些事情的人的階級往往比你想像得還要高，甚至可能比中國的偽中產階級還要高得多。例如像三鹿奶粉的那個受害家長，就是比大多數在網上冒充中產階級的人階級地位更高的，但他的孩子受害了以後，他遭到黑社會一樣的待遇是毫無辦法的。像雷洋*這樣的人，在中國是比比皆是的。中國人民不用假裝看不見，這樣的事情早已經深刻地塑造了你們的行為模式。

至於高階層的事情，奪取政權這件事情需要武力，其實是大家都清楚的。民小之所以不承認，甚至反向污蔑說，凡是提到奪取政權和維持政權都需要武力，就是接受了共產黨的邏輯，這個原因其實很簡單。從大的方面來講，它是基於和平演變的需要，因為美國爸爸希望能夠和平演變，而大家都不敢得罪美國爸爸。屬於中共和匪諜這一邊的「知道份子」和輿論引導者則希望在美國爸爸以及只服美國爸爸的巨大人口面前裝出「其實我們並不真的想跟美國爸爸作對」的形象，所以以前的什麼土改、反右、文革和各種恐怖行動都是屬於過去了，現在我們已經洗心革面了。所以他們也就推波助瀾地推廣，像《南方週末》的那撥人經常推廣的那種，暴力已經是屬於過去了，今後我們要考慮怎麼樣用非暴力的方法維持統治。當然，哪怕是區區一個孫志剛**都能戳破他們的謊言，而大多數中國人的階級地位和安全程度還不如孫志剛。但是這沒關係，這本來就是演戲。民運以及民小那方面，一方面他們跟中共一樣是得罪不起美國爸爸的，所以必須順從美國爸爸當中希望和平演變、搞普世價值這一派人的意見，另一方面他們也想掩蓋自己的懦弱和無能，所以就

* 雷洋事件是二〇一六年在中華人民共和國北京市昌平區發生的一起非正常死亡事件。雷洋是年輕、已婚的知識份子，但遭到便衣警察懷疑有嫖娼行為而遭到拘捕，押解途中雷洋死亡。

** 孫志剛事件於二〇〇三年發生，原籍湖北黃岡的孫志剛被廣州市執法機關以三無人員的理由收押，拘禁期間被收容所員工毆打身亡。

發明了這一套系統的自欺欺人的邏輯。

當然，最後還有一個相對於前面這些非常現實、非常重要的原因只是具有次要性和虛榮性的理由：中國的知識份子無論是屬於哪一面的，他們的教育背景都是中共所塑造的，因此他們是在一個非常小的井裡當井底之蛙。他們的大部分教育背景仍然是馬列主義那一套，所以當他們看到，例如，馬克思說了歷史必然性，他們就跳出來說，我們早就不相信歷史必然性了，誰說歷史必然性，誰就是從馬克思那裡學來的。他們不知道，馬克思的歷史必然性是從青年黑格爾學派那裡學到的；黑格爾講歷史必然性，則是從中世紀的基督教神學那裡得到的。歷史有必然性這一點，最初和在最根本的層面上是基督教的歷史預定論。它在中世紀的神學中有著非常堅實的地位。黑格爾主義本身就是基督教神學的一個旁支，而馬克思主義在這方面的知識又是黑格爾主義的旁支的旁支。但是如胡平他們那幫八十年代的啟蒙者，他們除了馬列主義教育以外，只懂一點法國沙特或者西方人文主義這些非常邊緣的學問。對於西方主流根深蒂固的基督教神學，他們是一無所知。所以他們就跳出來說，誰敢說歷史有必然性，誰就跟馬克思主義是一夥的。他們不知道這個概念根本不是馬克思創造出來的。所以我就諷刺他們說，他們如果看到「定於一尊」這句話，也會以為這個詞是習近平發明出來的。當然，讀過司馬遷的《史記》的人就會知道，這句話早在習近平誕生以前就已經被人使用過無數多次了。但是如果有人像雍正皇帝只讀過《三國演義》而不讀《三國志》那樣，只讀過習近平講話而不會讀史記，他真會以為「定於一尊」是習近平發明出來的。以後有人要說「定於一尊」，那他就要說這個人是習近平的徒子徒孫了。

中國啟蒙知識份子當中，知識背景完全被框在馬列主義教育內的情況是很多的。像「階級鬥爭」或者諸如此類的東西，其實都是十九世紀的自由主義者已經用濫了的。而且他們用濫的目的主要就是論證，資產階級在貴族階級面前有合法性。但他們跟他們反對的人一致都認為，無產階級屁也不是，甚至無產者根本就沒有資格構成階級。然後，馬克思把這種概念反過來運用。而中國的自由主義者和啟蒙者有很多都認為談階級鬥爭就是馬克思的學徒，他不知道談階級鬥爭的人多得是，馬克思只是其中之一。但是在他的知識背景當中，只有馬克思談階級鬥爭，而他看到的階級鬥爭這個詞就是從馬克思那裡學來的，所以他就認為這個詞是屬於馬克思學派或者社會主義者特有的東西了。當然這是因為，在他的知識背景當中，十九世紀的自由主義者根本不存在。他就從來沒有讀過那些在歐洲的地位比馬克思高得多的思想家和歷史學家的書，所以他還覺得自己非常理直氣壯。

中國最近改革開放三十年來的普遍的輿論引導者認為非暴力是可行的，誰談暴力誰就是跟中共穿一條褲子，就是屬於諸如此類的原因。因為他們的思想背景就是改革開放以後的這些輿論引導者——民主小清新、《南方週末》這些人塑造起來的輿論環境，他們跳不出這個圈子來。他們不知道，在他們學到的那一點西方左派和中共所修改過的馬列主義這兩種思想背景之外還有更加廣闊的天地。在這個更加廣闊的天地當中，他們所依靠的僅有的這些思想資源和知識背景，只能是相當於一個城市的垃圾場裡面收集的那些殘餘食物和剩飯，跟超市裡面、屠宰場裡面、農場裡面生產出來的大量新鮮的高品質食品相比只能算一些渣渣。但是，他們是在這些渣渣當中長大的。而且你不能責備他們，因為中國在世界秩序當中的地位就是一個垃圾場。垃圾場當中養出來的，哪怕是最精英的人物，在他們的童年都是吃過垃圾的。這就是朱學勤或者其他什麼人說的「狼奶」。

但是「狼奶」這個詞其實還沒有充分表現出世界秩序的本質，因為「狼奶」看上去只是跟正常世界對立的一種錯誤的灌輸，好像你和你的敵人、主流文明和非主流文明是平起平坐的，但是完全不是這樣。主流和非主流之間的關係，就是垃圾場裡面的那一點食品和超市裡面整整齊齊的大量食品之間的區別。而中國就是垃圾場，他們甚至沒有資格作為超市的對立面。你不是喝了狼奶的人，而是從小撿垃圾長大的拾荒者養大的人。可惜的是，像胡平他們那些人雖然已經到了自由世界，等於是從垃圾場逃到了超市裡面，他們在垃圾場裡面養成的口味居然沒有改變，居然對放在他們眼前的大桶大桶的非常便宜、健康、新鮮的牛奶視而不見，認為他們從小在垃圾場裡面撿到的那些奶瓶蓋子裡面舔下來的奶是世界上唯一的知識和真理。

這就是為什麼中國人——包括各種小清新基督徒、民運人士非常害怕暴力這個概念。這一點恰好是中共所希望的，因為你不敢面對暴力，就沒有辦法實施統治。而西方的基督徒，中世紀歐洲的基督徒，他們本質上像日本的佛教徒那樣也是和平主義者，但是當羅馬帝國垮台，他們必須赤裸裸地面對日爾曼的征服者——日爾曼征服者好歹還願意皈依，然後他們又面臨著赤裸裸的、根本無法皈依的穆斯林戰士的時候，他們勇敢地做出了選擇。我們過去在做NGO的時候是不談暴力而且主張非暴力的，但是現在我們必須行使統治者的責任了。這時我們應該怎麼做？他們交出的答案就是我們都熟悉的從封建主義產生的歐洲，包括大憲章的英格蘭。這個歐洲包括封建武士，而且把封建武士，像法國國王聖路易這樣的人，視為人類文明的最高體現。是這樣一個歐洲，產生了近代的文明。但是這條近代文明的主線條在中國主流意識形態當中，包括在中國小清新基督徒當中，是不敢面對的。他們願意學的都是垃圾箱瓶蓋裡面殘餘的那一點奶，世界主流對他們來說並不存在，也不應該存在。

他們就是這樣了，我沒有興趣去管他們，但是對於受他們誤導的更多的人如果向我提出問題的話，我只能按照世界歷史的本來面目來回答他們。就是說，上帝給你們每個人都有一天二十四小時的時間，你們如果要吸取知識的話，那就像達文西說的，不要取被別人喝過了又吐出來、洗過腳洗過菜洗過髒衣服的下游的水，你只要做得到的話，就到河的上游，到泉水剛剛變成河流的那個地方去，喝上游的清水。這件事情是非常容易的，特別是在今天的網路時代。誰能夠阻止你真正去學習只憑自己、再加上一個Google搜尋引擎就能夠直達的兩希文明的真正源頭，去學習真正的西方經典呢？你如果稍微讀過西方文明的真正經典，那麼其實你根本就不會再有耐心去面對這些愚蠢的問題。這些都是下游的下游的下游、海耶克所謂的那些二道販子的三道販子的四道販子留下的一點殘渣，而且經過了無數的歪曲和修改。如果你掌握了上游的本源，還要去跟這些下游的二道販子、三道販子、四道販子去爭，而他們所依據的最高貴、最偉大的太老師也無非是《南方週末》的專欄作家，是沙特這樣地位很低的左派知識份子，你憑著這些東西去跟湯瑪斯・阿奎那、波舒哀這樣的真正的思想家，以及基佐、麥考萊、休謨這樣的真正的歷史學家去爭，到底有什麼意義呢？這就像是拿著紅衛兵的武器去跟反共學術權威作鬥爭一樣，除了自己耽誤自己的時間以外，實在是毫無意義的事情。

像「暴力是不是政權基礎」這件事情，本來脈絡是非常清楚的。雖然馬克思也說過這句話，但是正像我前面舉過的那幾個例子——「階級鬥爭」的例子和習近平所說的「定於一尊」的例子那樣，這些話根本不是馬克思首創的。中世紀的思想家，兩希文明的思想家，從未回避過這個問題。希臘羅馬城邦的思想家，像西塞羅這樣的憲法學家，從來沒有回避過羅馬共和國需要自己的「羅慕路斯時刻」。馬基維利和近代人文主義的政治學家直接繼承了他們的傳統。而基督教傳統中的政治學家，從舊約當中以色列先知和國王的先例當中，也從未否認過正義戰爭存在的理據。湯瑪斯・阿奎那的政治學，最核心的問題不是否認戰爭，而是強調什麼樣的戰爭才是正義戰爭，基督徒應該在怎樣的情況下推行正義戰爭，什麼樣的情況下戰爭才是不義的，什麼樣的情況下才不應該使用武器。這些著作並不很難找啊，為什麼我們忽略了這些真正經典的包羅萬象的思想家，去搞那些零零星星的東西？那些零零星星的邏輯，你無論搞出多少零零星星的論據，然後再對照一下我引用的這些經典作家的作品，你就會發現，你自以為非常深刻、非常奧妙的那些東西，其實早就是比你早出生一千年的思想家曾經面對過和回答過一千次的問題，而且他們早就回答過比你提出的更多的問題——你甚至想都想不出、提都提不出來的更多問題，而你還要再這樣反反覆覆地重新發明輪子。對於那些本身思想深度不過二、三流，但只要是肯學習肯查證，有一個最起碼的好學生所必需的品德，隨時都會拿出筆記本來，把自己學到的知識記下來，你就是面對這樣的人，你搞出來的這一套也會是不堪一擊的。

肆

中國崩潰，是中國人最好的結局

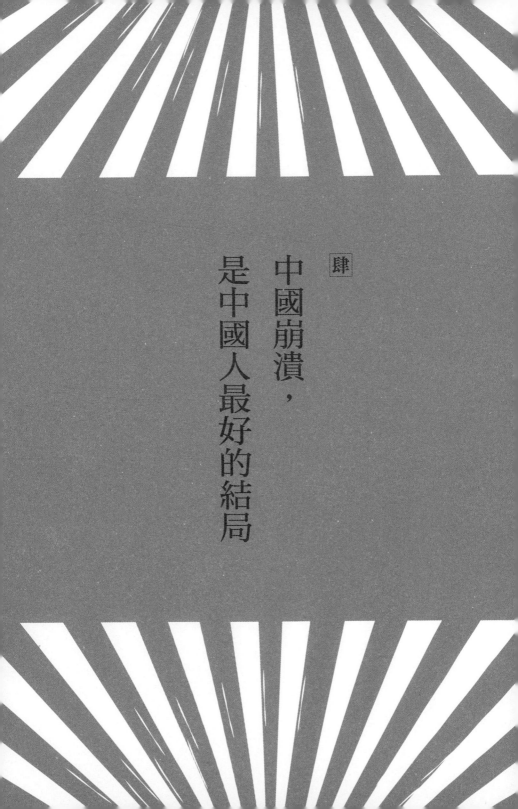

十二、沒有共產黨，中國也不能民主轉型

◎有人說中國唯一的出路是憲政民主，您怎麼看？

中國的問題就是它沒有出路，因為中國這個詞本來就是作為大清帝國的替代物而提出來的，而大清帝國在它滅亡的時候，正處在像奧斯曼帝國類似的狀態，它在分崩離析。如果它按照我剛才描繪的方式，各地產生出自己的資產階級，然後資產階級產生出自己的資產階級政權，那麼在若干條件比較好的地方，可以實現資產階級國會政治，也就是所謂的憲政民主，用馬克思主義的話來說就叫資產階級專政。但是這樣做的條件就是，你不可避免的要面臨著這樣的情況就是，發展情況不同、社會情況不同的各地區，必然會產生出形態不同的政治體制。直截了當地說，就是大清將會像奧斯曼帝國一樣解體，你不可能把希

臘人和土耳其人放在同一個大土耳其共和國境內，然後說服塞普勒斯人和敘利亞人相信，他們都是大土耳其民族五十六個族群當中的一個族群。這種路徑的可能性是非常小的。

你既然要把大清的全部版圖留下來，那你就必須實行有效的統治。不是所有地區和所有人都能夠實行憲政民主的，但是所有地區和所有人都必須實行有效管理。沒有有效管理和統治，很快就會出現無政府狀態和人口滅絕。在各種有效管制和統治之中，有幾種是不可能產生憲政民主的，共產黨所代表的這種列寧主義統治就是其中之一。但是列寧主義統治本身並不是從天而降的，它有存在的目的和存在的價值。它存在的主要價值就是把大清帝國留下的這些廣土眾民重新捆在一起。道理很簡單，要想建立一個有效的資產階級國家，你就必須存在一個有效的共同體。

而大清留下的這個版圖，特點就是它沒有一個有效的共同體。粵東商人和廣府商人團結起來都是非常困難的，粵東人和湖南人哪怕是在同一個國民黨內，也從來就沒有過和平相處的時候。桂軍和粵軍之間，儘管號稱兩廣大同鄉，但他們之間的衝突和矛盾比起英格蘭和法蘭西來說，一點兒都不更小。最相鄰的幾個共同體尚且如此，要讓所有共同體都展現出自身的政治意志，結果肯定是分崩離析。為了不讓它們展現出自己的政治意志，那你就只能用其他的共同體去代替它們。

中國唯一真正的共同體是什麼？那就是共產黨。共產黨是憑什麼存在的？答案是，它憑藉列寧主義的鎮壓手段，有效的剷除了所有有可能跟它競爭的共同體。在這個前提之下，它才能在大清帝國的遺產之下維持有效的統治。缺少這個前提，比如說你用憲政民主的手段捆住了共產黨的手腳，使它不能有效的行使它的割草機職能，結果不可避免的，將來在共產黨這個真實共同體之外產生出各式各樣相互矛盾的其他共同體，而這些共同體能夠達成共識、建立統一國家的可能性是微不足道的。你要建立統一國家，就必須用一個共同體的意志去剷除其他共同體，要不然各式各樣的共同體產生出來以後，自然而然就使國家分裂了。憲政民主是一個抽象的詞，實際上它講的內容就是有效的共同體的形成。要有有效的共同體形成，你首先必須停止列寧主義這台割草機的運作。停止了這台割草機的運作以後，這個機制維持的中國就不復存在了。

中華人民共和國的本質是什麼？它就是中國共產黨的一個白手套。手套和手本身相比，到底是誰重要呢？沒有中國共產黨以後，中華人民共和國也就不可能存在了。在中共這個唯一有效的共同體停止運作以後，有些地方，特別是內地，它根本不會有任何共同體存在。在共產黨黨組織之外，只有一盤散沙的社會，這個社會很容易落到任何願意攫取權力的冒險家之手，而這些冒險家實現民主的可能性基本沒有。

我剛才已經反復強調過了，馬克思在一個方面是正確的，什麼叫做憲政民主政體？那就是資產階級專政。在沒有產生有效的地主資產階級共同體的情況下，你不可能實現有效的國會政治。這種條件至少在內地是不可能存在的。實際上這些地方，在選擇列寧主義專政和無政府狀態之間，是沒有其他選擇的。沿海地區有一定的資產階級萌芽，例如民主黨派當中或者是人大政協中間有一定的可以稱之為土豪或者馬克思意義上的那種資產階級存在的萌芽，但是他們只是個人，並沒有形成有效的團體。只有在這些人形成有效的團體以後，他們才能夠建立有效的國會政治。

這種條件只在香港和台灣具備。香港和台灣為什麼會構成重大的挑戰力量？就是因為它們本地的共同體已經接近形成。它們形成了共同體，自然就要產生自己的獨立意志，而這個意志自然會跟任何大一統政權的意志不同。你要想讓這個意志不存在，很簡單，馬上派人到香港去打土豪分田地，把它們的地主資產階級消滅乾淨，當他們只剩下最窮的人、最分散的人、完全依附於人的人，然後派二十個政治宣傳委員到那裡去，每個階級派一個黨支部書記過去，他們馬上就像河南人一樣的熱愛中國共產黨和中華民族。如果你做不到這一點的話，聽任他們的共同體繼續成熟，那他們肯定會產生出新一代的知識份子，這些新一代的知識份子會發明出理論，論證香港自古以來是一個民族，根本不屬於中華民族。到那時候你要下手就太晚了。

在中國國內也是這樣。你如果放任，比如說是某一個資產階級社會有可能成熟的地區，例如浙江和廣東，讓它成熟起來，他們要做的事情，也就是跟香港和台灣要做的事情是差不多的。唯一的不同就是它們在大陸上，因此他們的社會很容易被破壞。差別就只在這一點。你要想讓從帕米爾高原到上海到舟山群島，如此廣闊、社會差異如此巨大的地區，按照同一個結構發展出有效的資產階級社會，這個可能性是基本沒有的。有些地方，它的社會成熟程度連建立伊斯蘭國都不見得夠；有些地方，它的社會成熟程度至少建立一個新加坡是已經差不多了。如果你放開手，讓它們各自產生自己的資產階級，它們產生的政治意志一定不會相同的。如果要讓他們的政治意志表達不出來，那麼列寧主義政黨不但不能削弱，而且需要進一步加強。稍微放軟一點，稍微後退一點的話，整個體系就分崩離析了。這是不能兩全的東西。

這裡的根本問題還是，我必須再強調一遍，我們現在的這個中國，從來不是民族國家，而且是所有政治體制中間最不可能轉型為民族國家的一種政治體制。它是一種，也可以說是用心良苦的政治體制。一方面，實質上，中國就是中國共產黨；另一方面，表面上看，製造一個中華民族和中華人民共和國作為統戰工具。這個統戰工具，不管其他方面有沒有什麼用處，但它至少可以安撫中國人的感情，讓他們感覺到自己畢竟還是一個跟歐洲人差不多的民族國家。在你得不到實際上的麵包的時候，望梅止渴一下，有時候也是感到相當愉快的。如果把這層紙戳穿了以後，連望梅止渴的愉快也沒有了，那這是何苦呢？

◎當代中國有可能再造共和嗎？

這是很難的事情。我覺得，中國人會採取的辦法是最簡單的辦法，就像是儒家對漢武帝採取的做法。本來按照春秋時代儒家的做法應該是實行周政的，就是說名義上的周天子實行一種類似君主立憲的統治，而各諸侯各自為政。但是這種體制他們恢復不了，於是他們就讓皇帝假裝相信儒教，來一個「以經術緣飾吏治」，就是說骨子裡面還是秦政的郡縣制帝國和吏治國家，但是外表上看這些人都受過儒學的教育，就算是儒學復興了。我覺得，中國人最可能採取的做法就是採取最省勁的這種做法。儘管骨子裡面一切依舊，但是外表上我們說我們已經是共和主義了，然後重新解釋一下共和主義，證明一下我們現在就已經是共和主義了。這種辦法非常簡單，只需要用筆桿子就可以做到，不用付出任何具體的代價。當然，這樣解決不了任何問題，但是我覺得根據中國人的政治德性來看，這是最有可能發生的事情。

◎中共主導的中國發展到了今天，是必須要將其摧毀，還是能夠期望對它們作進一步的改造？

當然只能摧毀。解構的東西是不可能用來建構的，你不可能以病毒為基礎，病毒本身就是寄生在其他的細胞上面才能夠維持自己的生命。病毒不死，那麼你的細胞永遠都長不好，只會不斷去感染其他的細胞，擴大病毒感染的範圍。這種處境就像是一個患了愛滋病的人，不僅你自己會死，而且對周圍的人也構成極大的威脅。要麼呢，你就自己把體內的病毒殺滅掉，然後再返回正常社會；如果你消滅不了的話，為了對社會負責，最好是你和病毒一起死，也就是核平學，免得對世界造成威脅。

◎有很多人對中國的社會轉型抱持著樂觀態度，但是我覺得您比較悲觀，為什麼？

社會永遠都在轉變之中，問能不能轉型成功，基本上是廢話了。就像是你永遠在長大和變老一樣，它不可能不成功，因為變化就是自然規律。維持現狀是世界上最難的事情，你能讓任何一個人或任何一個物體維持現狀嗎？不可能的。在我們所在的世界中，一切都在運動之中。問題在於轉型能不能轉向你所希望的那個方向，那完全是另外一回事。

通常所謂的轉型成功不成功是有預設假定的，就是假定中國能夠完整的轉型成為一個民族／民主國家。這件事情基本不可能，可能性小到微不足道、可以排除的地步。當然轉型還是會轉的，只不過會轉出完全不同的東西，僅此而已。至於是悲觀還是樂觀，那完全看你的價值觀了：你如果一定要堅持這個價值觀，你才可以說你是悲觀的；如果你根本就不認為這種狀況是理想的話，你恐怕也不會認為是悲觀了。至少我對這種可能的前景並沒有什麼很大的欲望，所以我就不覺得我自己是很悲觀的。

列寧主義的自我毀滅是很明顯的，因為它只能消耗秩序，自己不能生產秩序。所以它基本上是，在經過第一波輸入以後，現在它實際上的核心資源已經消耗殆盡了。現在的列寧主義政權等於說是一個有拐杖的政權，它一部分是原有的列寧主義殘餘，另一部分呢，是一個企圖借屍還魂的大清帝國。如果沒有後一種元素的支援的話，恐怕它早已經在九十年代的風暴中和蘇聯一起倒台了。

我有一次曾經說過，現在的中國是一個失去了心臟和大腦的體系：它一半是列寧主義體系，這個體系的大腦是在莫斯科，而莫斯科這個大腦已經被砍下，而且不可能復原的；它另一半是大清帝國這樣的內亞大一統帝國，而這個體系的核心是在蒙古高原上，也已經被砍掉了。你想想，一個既沒有大腦又沒有心臟的體系能夠維持多久呢？它現在之所以如此富裕而如此軟弱，就是因為它既沒有大腦又沒有心臟，動力沒有了，只剩下肢體在顫抖。這個肢體裡面到底還能有多少脂肪，那是無關緊要的。

一個人是否存活，跟他到底有多少肌肉和脂肪是關係較小的：只要有大腦和心臟，即使肌肉不夠強，脂肪不夠多，仍然是一個人；如果大腦和心臟都已經被挖掉了，不論你肌肉多硬、脂肪多厚，你都是一具等待倒地的屍體。想想看，一個人倒地，大腦和心臟死亡以後，幾十秒鐘之後全身都死了；但是如果你是一個有十幾億人口的超級巨人呢，這幾十秒鐘時間，放大到歷史時間中就是幾十年時間。在心臟和大腦死去的最初幾十秒鐘，你的指甲還在繼續生長，巨人的話就要十年，死亡才能夠傳達到指甲上。所以你暫時還感覺不到死亡來臨。現在我們就處在這種狀態。

你用什麼方式才能夠使共產主義活過來呢？不可能的事情。你用什麼方式才能使大清帝國活過來呢？不可能的事情。既然地理和人口仍然存在，那麼共產主義留下的人口和大清帝國留下的人口必須有一個出路，這個出路是什麼樣？你想要把它湊到一起形成一個完整的民族國家，那麼需要什麼樣的條件？這些條件具備嗎？顯然不具備。

在條件不具備的情況下，正常而合理的發展就是，各種不同的群體會根據自己千差萬別的初始條件和選擇，產生出眾多複雜的路徑。在歷史上講，就是說，單純的列寧主義政權倒台，一般造成的是一場土崩瓦解的混亂，像蘇聯解體曾經出現的那種社會性解體的狀態；大清這樣的內亞多元帝國解體造成的結果，一般就是「分久必合、合久必分」，也就是各地成立割據政權或者流民運動。兩種道路指向的最大概率事件就是：解體後的廢墟之上，至少在短時間——所謂歷史上的短時間也就是至少是幾十年時間，會出現很多種不同的政權，以不同的方式統治不同的地方。

也許在某些社會沙漠化極其嚴重的地方，會出現像黃巾軍那樣的邪教組織——這樣的邪教組織現在已經非常豐富了；也許在沿海地區，經濟發展強大，而且跟海外勢力有比較密切關係的地方，可以建立像香港那樣的城市共和國。一切都有可能。在關鍵性的節點中，極少數人的選擇或者站隊就可以極大影響以後的走向。

只有一點是非常不可能的事情，就是這些所有的地方能夠奇跡一樣的、以相同的節奏走向相同的道路，這是辦不到的。要走向相同的道路，你必須是水準和各方面條件都相同。而各方面條件都相同，必須以最低標準為標誌，不能以最高標準為標誌。

如果雙方的地板和天花板差得如此之大，一部分基本上接近於新加坡和韓國的水準，另一部分連伊斯蘭國的水準都趕不上，那你要把它們捆在一起，除了依靠強制手段以外，也沒有別的辦法。強制手段的成本一定比自願手段要高，這個大家都能理解。成本太高的東西本身就是容易崩潰的，要麼它暫時撐住不崩潰，要麼崩潰以後，捆綁在一起的東西就會自然解體，這是最合理的、最符合世界和人類本性的前途。我看不出有任何可能的證據能夠否定這種可能的前途，所有的歷史先例和人類本性都支持這種前途。你能夠做出的合理安排就是在這種可能的假定之上，給自己尋找一個最適當的選擇位置。

◎對照教會在西方歷史中的角色，您怎樣看待中國教會在中國社會轉型中的角色？

「中西比較」是近代以來中國知識份子最關心的問題，我可能是從小就非常熟悉這方面的爭論，基本上在這方面提出的各種學說我多多少少都曾經瞭解過，而且都曾經在過去的某一個時期傾向於相信它們，但最後都覺得它們存在著很多缺陷。

照我最近的想法，我覺得這裡面的關鍵是在於「組織」。我們所說的中國社會這個方面那個方面的東西，歸根結底是要歸究於，它的社會是一個高度散沙化的東西，我把它稱之為「一輪紅太陽，十億藍螞蟻」的結構，它極度缺少最上層和最下層之間的中間團體。如果用社會資本這種學說的話，那麼它就是一個社會資本高度匱乏的地方。

而西方之所以能夠在近代把它的秩序輸出到全世界，就是因為早在近代以前，它的社會資本就極其豐富，它的社會中間層比東亞要厚得多，內部的小團體和錯綜複雜的社會網路結構要完善得多。而這些網路結構中間，毋庸置疑，教會是其中最核心、最深刻、最基礎的部分。我們過去注意了太多那些知識份子搞的東西，其實只是水面上的泡沫，水底下最深刻的基礎始終是教會。而西方背後輸出的那些所有秩序，你只要順著歷史線索，追溯到足夠遠的話，最後總是跟基督教有關，即使不是直接出自於基督教的，至少也是出自於跟它有高度相關性的因素。

而中國方面呢，我不大確切知道「社會轉型」是什麼意思，就是說我現在強烈認為，現代知識份子所談論的社會轉型，恐怕是建立在一系列誤解的基礎上的，因此本身不能夠作為有效的討論範式。但有一點是可以肯定的，就是說近代以來，東西方開始接觸的過程中間，彼此之間立刻就能夠發現雙方社會組織的強度是相去甚遠的。西方社會組織的強度要大得多，在宗教方面尤其是這樣。教會在傳統的十七、十八世紀以前的東亞社會，找不到可以與之相提並論的社會組織，這一點可能也就是造成東亞社會格外脆弱的主要原因。而近代以來教會的輸入，我把這種事情稱為秩序輸入，跟它的人口之少是極其不成比例的。

我不知道很多民國史專家注意到沒有，就是說在中國近代史上，發揮格外重要作用的人物當中，基督徒所占的比例跟他們在當地人口所占的比例是極其不相稱的。百分之幾的極少數人口在歷史上發揮的作用，好像是占據了半壁江山。然後，在三十年代到五十年代的變局中間，情況突然被逆轉過來，教會受到壓迫，最終基本上被趕出中國或者是進入了地下，然後在這個時期，中國就又要經歷一次高強度的社會沙漠化。用我自己創造的術語就是說，明清時代的東亞社會已經是高度散沙化了，除了高高在上的強大的皇權和官僚體系以外，社會上還能存在的組織，除了以血緣維持的宗族組織以外，已經沒有多少了。在一九四九年以後，連這樣的組織也被打破以後，可以說是除了官方的組織以外，一切民間社會都已經徹底不復存在了。人類歷史上從來沒有出現過只有官方權力而沒有民間權力這種可怕的狀態。以後發生的所有災難，歸根結底都要歸咎於這種可怕狀態。

所謂轉型，如果它還有什麼意義，就是從這種狀態中走出來，重新積累一些可持續的社會資本。那麼可持續的社會資本是從哪兒來呢？實際上歸根結底就是兩部分，第一部分是教會，第二部分是非教會的ＮＧＯ。在這兩部分當中，你必須得比較一下它們的活力和耐力。這一點不是我根據理論上判斷的，而是根據世界各國，包括東亞和中國，實際上各種非政府的民間和社會組織的活力和耐壓性來看：如果是在繁榮昌盛、一個高度民主和法治的社會裡面的話，它們的活力和耐壓性不是很容易區別的；但是如果處在一個高壓或者是其他因素造成的極其困難的環境下，差別馬上就顯示出來了，教會顯得非常強大而耐壓，而沒有宗教背景、純屬世俗的任何團體，尤其是知識份子團體，即使它們在繁榮的時候顯得非常強大，在困厄的時候卻總是不堪一擊，像泡沫一樣迅速的碎裂了。

我對蘇聯和共產國際的傳播歷史下過一番工夫，最後得出的結論就是：十九世紀進步知識份子曾經認為教會是過時的東西，資本主義是比較好的，世俗人文主義搞的新教育是比較好的，但是真的到共產主義來的時候，那些被認為是先進的、有錢的人、有知識的人、有學問的人、掌握有一切為世人所羨豔的東西的人，在布爾什維克面前就像雞蛋一樣脆弱，沒有幾年就化為烏有了；但是原本被很多有錢人和有知識的人瞧不起、認為是很土鼈、很愚昧的教會，卻是始終打不倒壓不垮。最後在蘇聯解體的過程中間，最強大最有效的力量仍然是像波蘭天主教會這樣的力量。

而在韓國這樣的威權主義政體當中，最有力的、最能保護社會的力量，仍然是它的教會。我原先想像不到，大多數人都會以為韓國本來是跟明清的中國社會結構比較接近的，是一個強大的儒家的宗族主義的社會，有一個專制國家和官僚體系，比起明清社會是差不多的，但是韓國民主化的過程和社會基督教化的過程，緊密的摻雜在一起。

而台灣民主化的過程，台灣民族運動或獨立運動興起的過程與台灣的長老會同樣是有分不清的關係。我再追溯這條歷史線索，追溯到一九四五年以前，也就可以發現，最初的傳教士，比如馬偕這些人在台灣登陸的時候，在大陸被斬斷的這些種子在台灣發芽了。而在最近這幾十年，中國社會環境稍微寬鬆了一點，可以說是社會資本有一定增加的傾向，而這些增加的社會組織當中，教會又好像是其中最迅速、最強大的組織。

直到二〇〇三年以前，我都沒有太重視這些事情，但是只要我開始看到這些線索的話，我就沒法避免這樣的結論，就是說，比如說中國企業家搞的那些慈善活動，或者是中國知識份子企圖模仿捷克和東歐轉型搞出來的那些活動，好像都很像是小孩子過家家。即使是搞成了，也只有玩偶性質。真的能夠建立成有效共同體，不僅能夠自我維持、而且在高壓狀態下能夠維持的團體，在我看來好像仍然是只有教會。這是我目前觀察得到的印象。具體能不能夠形成有效的解釋，或者說對於大家談論的所謂轉型能有什麼樣的作用，這個我還不敢貿然下結論。

◎習近平有可能被迫走上民主化的道路嗎？

沒有任何可能。無論你想不想、他想不想或者是任何人想不想，有些事情是要看技術性的。民主是什麼？民主的真實含義，就是共同體的自我治理。換句話說，首先要是一個共同體，然後才能夠考慮是自我治理還是被別人治理。如果第一，根本不是共同體，第二，不具備在短時期內建成共同體的可能，那麼這個問題就不用再討論了。

◎倘若習近平卑辭厚禮，請您來組建智庫，您要如何「挽狂瀾於既倒，扶大廈之將傾」？

首先你要把現在所謂中國的性質分清楚。中國現在是三個體系的混合物，它不應該存在於同一個國家就是因為這個原因。這三個體系分別是：第一，內亞體系，傳統上是中國的征服者，或者說是東亞的征服者；第二，就是所謂中國的核心，東亞的費拉地區，在沒有計劃生育的年代，它能夠產生大量的苦力和盜匪，和平時期是苦力，戰爭時期是盜匪，但是隨著生育率的衰退，這個地區已經注定要完蛋；第三個地區實際上就是吳越和南粵兩個血汗工廠製造業地區，這個地區在經濟上講是從屬於西方，在政治上講卻並非如此，所以這兩者之間存在著尖銳的矛盾，它們的性質很像是一八六〇年代左右的美國南方和一八八〇年左右的埃及尼羅河地區棉花生產區的經濟和政治的矛盾。

任何有效的政策都要有基本出發點，出發點就是，你必須事先確定，你這個政策的目的是要誰好，同時是要整死誰。如果你沒有搞清楚你要整死的對象和你要搞好的對象是誰，搞出來了混合政策，結果就會是政策的各個部分相互破壞，哪個方面都討不了好。因為現在所謂的中國包含著我剛才說的三種不同體系，所以你第一件事情就是要確定，你是要為哪一個體系服務，要整死哪一個體系。所以你只有三種極端政策、純粹政策才能生效，而混合政策肯定會相互破壞，搞得大家都彼此破壞，結果是所有政策都會遭到失敗。假定你的政策是以吳越和南粵兩個外掛的初級殖民地生產基地為核心的話，那麼維護它的政策核心就是要甩開三個大包袱：也就是紫禁城、梁山泊和內亞遊牧地帶。

李鴻章當年是想甩掉內亞遊牧地帶，他願意拋掉內亞，但是不肯拋掉紫禁城和梁山泊。因為第一，他自己就是從費拉地區來的，第二，他自己是紫禁城大臣，所以既得利益使他不能夠真正為吳越著想。真正為吳越著想，那你需要有三個步驟。第一個步驟，遷都上海。北京作為首都，是內亞征服東亞的產物，近代我匪把首都從南京遷到北京，實際上就是共產國際頂替了內亞征服東亞的結果。只要這個基本格局不變，那麼基本戰略也仍然只能是背靠內亞敵視太平洋的。所以遷都上海是第一步。一旦遷都上海以後，北京依靠公務員消費維持的整個產業鏈就崩潰了。結果就會像是國民政府南京時期一樣，隨便一個小公務員都可以租一個大雜院。這一步是最關鍵最必要的，北京人不死絕，上海人沒有救，整個吳越都沒有救。

然後政府一旦撤出了北京，遷到上海，上海集團取代北京集團，那麼效果就相當於：第一，在太平洋方面搞軍備競賽的第一大開支完全砍掉；第二，用來給東北提供大量貸款，維持華北平原上大批純消耗性的軍公教人員、維持社會治安的開銷，在整個內亞地區一年數千億的維穩開支，全都一刀被砍掉了。這兩方面的好處會迅速改善上海政權的財政狀況。但是與此同時，地緣上和財政上的因素使上海政權不可能控制內亞和北方，立刻就會出現蔣介石遷都南京以後的局面，滿蒙藏內亞會陷入獨立勢力和割據勢力當中，同時整個華北、華東的費拉地區會陷入紅槍會、大刀會、伊斯蘭國、全能神教之類的武裝組織的控制和鬥爭中。

然後上海的中央政權必然會面臨著選擇，因為這時候它是名義上的中央政權，雖然支持力量已經發生了變化，肯定會出現類似蔣介石的人物或者派系，要求你重新恢復對滿洲、華北和內亞的實質控制，要不然你就不配做大中國的領袖。這個時候你就必須抵制蔣介石式的誘惑，否則吳越和南粵的資源一旦投進這個無底洞，一切就前功盡棄了。這時候你需要打掉所有可能出現的蔣介石，然後才能進行第三步和最後一步。打掉蔣介石以後，然後你就處在蘇聯八一九事件後葉爾欽的地位上，需要一場政變，沒有政變你還不好意思解散蘇聯；有了政變以後，你就可以一不做二不休的解散大中華，然後實現吳越和南粵以及其他幾個附屬邦國的聯邦國家。然後這個聯邦國家建立起來以後，你可以把美國海軍請來護衛上海，這時候聯邦存在不存在也就無所謂了。

十三、當原有的體系無法維持，「習近平」就必然出現

◎今天中國迅速左傾，跟十年前的中國已經有很大差異。請問習近平是否要拋棄改革開放，回到毛澤東的社會主義時代？

如果不這樣那才是真正危險。北洋艦隊倒台，最高興的是誰呢？顯然不是日本人，而是端王和翁同龢這種人。北洋艦隊是李鴻章手裡面的重要政治資本，只要北洋艦隊在，無論他能不能打贏日本人或者西洋人，但肯定是足以威懾他在朝廷內部的對手了。只有北洋艦隊垮台，李鴻章和他的盟友才會垮台；只有李鴻章和他的盟友垮台，端王和他的盟友才能上台。當然端王因為操作技術不大高明，自己送到八國聯軍的手裡面，那是另外一回事，但是操作技術足夠高明而採取同樣戰略的人多得是。

毛澤東就曾經說過，幸虧朝鮮戰爭打起來，朝鮮戰爭的鑼鼓一響，鎮反運動才能搞得下去。反過來說，如果朝鮮戰爭不打的話，他在國內搞清洗就沒那麼容易了，同時蘇聯也不大可能給它那麼多武器，給他那些各式各樣的雜牌軍隊換裝備了。對外關係緊張，只要運用得當，在你自己所處的小環境內讓你的敵人損失比你更大，實際上就是你贏了。因為最重要的是相對的比例，對你來說影響最大的不是你在名義上所在的團體，而是你實際上所處在的小生態環境中的力量對比。例如項英*如果完蛋了，可以說是共產黨的損失，但是對毛澤東卻是有利的，因為在殘存的共產黨當中，毛所占的比例就更大了。或者是張國燾的西征軍全軍覆沒了，也是紅軍整體的損失，但是在殘存的紅軍當中，毛澤東所在的這一派所處的優勢就比原來要大得多了。所以大團體來說是受到了損失，小團體來說卻是占了便宜。因此可以說，李鴻章的損失就是端王和翁同龢他們的勝利；相同的，蔣介石的損失就是李宗仁和毛澤東的勝利。

改革開放中洋務派雖然在數量上從來是占優勢的，他們吃虧的地方也無非是在於組織力量比較弱，同時心狠手辣的程度比較差。但是萬事都有一個閾值，也許一百頭羊鬥不過一頭狼，一百個悶聲發大財的官僚鬥不過一個心狠手辣的列寧主義者，但是這個比例如果達到一萬比一呢，大到一百萬比一呢？在和平和貿易的時代，比例關係總是有利於悶聲發大財的人的，他們的優勢達到一定程度、越過一個閾值以後，變化就會變成不可逆的，生態場變化以後，老牌的列寧主義者就要完全被架空，再也沒有奪回權力的可能性了。

◎習近平和美國決裂的趨勢會怎樣發展？

趨勢確定以後，你有氣無力也好，氣急敗壞也好，做得快也好，做得慢也好，那個關係都不大。中國體制發展到現在這一步，像是林肯時代的奴隸制一樣，如果奴隸制不再擴張的話，內戰就不會爆發；但是奴隸制沒有辦法作為一個化石式的存在，它是一個動態體系，也就是說，它如果不把西部更多的州都變成奴隸州，不從非洲運來更多的奴隸然後生

＊ 項英（1898-1941），中國共產黨早期重要領導人，在一九四一年皖南事變中被部下殺害。有人認為項英之死是因為毛澤東的決斷力不足，也有人認為是出於毛澤東的陰謀。

產出更多的棉花賣出去，它連原有的體系都維持不下去。你知道，華盛頓將軍那時候之所以沒有廢除奴隸，是因為當時的人認為，奴隸制不經濟，它自己會隨著歷史演進而消失，所以我們用不著做什麼。柯林頓總統時代對共產主義的看法也是這樣的。但是沒有想到，幾十年以後，奴隸制和共產主義好像都活過來了，而且還有繼續擴張的趨勢。當然那是因為曼徹斯特的棉花工業。大家發現，奴隸生產的棉花很便宜，而曼徹斯特的工廠主根本不把棉花給自由農生產，他只要更便宜的棉花。這樣，在曼徹斯特工廠的支持之下，奴隸制居然可以繼續發展下去。

發展下去就意味著，西部有更多的土地，不能留給自由農，而要留給奴隸勞動，非洲要有更多的人被綁架，送到美國來。邪惡不但不會自動消失，反而會不斷擴大。而且最重要的是，曼徹斯特的工業是當時最先進的工業。奴隸制過去在華盛頓將軍的時代曾經顯示出了落伍的東西，沒有人願意要，但是現在它極其可怕地跟最先進的東西結合在一起。自由州的體系和奴隸州的體系已經不能共處。如果共處下去，奴隸州擴張到一定程度的時候，把自由州變成了少數，全美國都實現了奴隸制，然後英國工業完全依靠奴隸勞動來維持，那麼豈不是全世界都要完蛋？所以，走到這一步，衝突是不可避免的。

當時的人看到這些東西，就像看到共產黨一樣，它把最邪惡的東西跟最先進的東西結合在一起。如果僅僅是邪惡而落伍，像非洲部落吃人一樣，那還沒有關係，它會自動滅亡的。而它突然變得跟資本主義最先進的一部分結合在一起，有擴張的趨勢，那就沒有辦法，只能用武力來解決它。

現在中國已經走到這一步了，已經不是你死就是我活。深謀遠慮的政治家要替他的子孫後代考慮。他不能夠像國民黨人那樣，我拿了蘇聯的錢可以坐二十年江山，我的子孫後代會被打成黑五類我也可以不管。深謀遠慮的貴族是要看得非常遠的，在真正的危險變成現實之前，就要掐住它不放。所以，體系之間的衝突必然是這樣的。你不能說像很多溫和派中國人一廂情願想的那樣，很多具體的問題還可以這樣那樣，關稅還可以這樣那樣。我們要明白，這根本不是什麼關稅的問題，根本不是什麼具體的問題。根本性的問題就是結構性的衝突，今天不解決就得明天解決，明天不解決就得後天解決。具體哪一天解決，差別不大，但是反正，你不上戰場，你的子孫就要替你流血，而且你的子孫很可能會因為你的錯誤選擇而連流血的機會都沒有，一開始就死定了。

所以，如果你已經看清楚了自己的位置，那麼你要明白，任何人，無論你是站在哪一邊的，都是先下手為強後下手遭殃的，你不能等。等了以後，你下一次再做的時候，你的處境就會比現在更糟，因為跟你作對的人很可能不像你這樣肯等。如果你還不知道自己是誰，不知道自己該站在哪一邊，那麼我可以很負責任地告訴你，你的階級地位必然會下降。你就算現在不是無產階級，將來也會向無產階級的方向退化，沒有辦法。不知道往哪個方向走、不知道為誰而戰的人，必然就會變成雙方的犧牲品，在任何一個體系當中都會被擠到最下面，這是沒有辦法的事情，無論他開始的時候顯得多強大。反過來，方向明確的人，即使其他方面有問題，他的相對地位一定會上升。他可能在鬥爭中間掛了，但是鬥爭會使他或他的同類日益強大。這就是你們即將面臨的情況。現在最重要的就是站隊學，確定立場以後，你再考慮具體的技術問題。

當然，從現在的局勢上來看的話，習近平是不可能贏的。就是說，他能夠採取的做法就是，試一下，吃一點虧，再縮一下，然後再燒一點資本。所有這些，支付成本的都是淪陷區的溫和派中國人。如果台灣不存在的話，也許中國的中產階級比現在多三倍。由於台灣的存在，你要搞更多的海外活動，還要搞更大的艦隊，而這個艦隊還不敢出去搞。這些成本都是打在那些下崗賣淫的工人或者楊改蘭之類的人頭上。然後你要在新疆打一場反恐戰爭，需要支付比阿富汗戰爭多百分之三十的錢，這筆錢又會落到誰的頭上呢？然後經過這樣幾次折騰以後，那麼你的企業就不可能競爭得過越南或者其他開始的時候生態位相近的企業。

企業或者說是任何人的經營都是這樣的，開始的時候我有一百塊錢盈餘，這些盈餘或許繼續投資，或者說是我只剩下五十塊錢盈餘，另外五十塊錢被扔出去打狗了。雖然開始的時候只差五十塊錢，但在三代人之後，你的子孫就是下等人。你的子孫就是威尼斯人，人家的子孫就是英國人。解體論之所以很重要就是因為，荷蘭如果是西班牙的一部分的話，它的錢會給西班牙人拿到義大利去打仗，那麼它也會跟西班牙一樣窮。它獨立以後，就會跟英國人一樣富。威尼斯人如果跟荷蘭人一樣保持獨立的話，它現在也用不著跟那不勒斯人一樣窮。原因都在這一點。哪怕是初始條件只差一隻蝴蝶，等到幾百年以後的結尾就差得像一場風暴。在鄭成功那個時代，其實長崎還沒有廈門發達，現在的長崎和廈門早就不在一個層次上了，就是因為日本是一個獨立國家、而閩越沒有變成一個獨立國家的緣故。

現在的博弈也就是這樣的。無論具體的情況是怎樣，自組織資源發育得最差、獨立搞得最差的地方，必然會付出最大的成本，而且發出最小的聲音，就是因為他們死了也白死。正因為這一點，所有負實際政治責任的人必然會從他們身上榨最多的錢。不是因為他好或者他壞，而是因為任何人在實際執行工作而不是理論分析的時候，他都必然希望能夠以最少的時間和最低的成本取得最大的效益。換算到政治上來講，就是說，河南人一定比廣東人餓死更多。廣東人就算是中國的一部分，他們也會搞很多走私貿易，而河南人到哪兒都沒法走私。相反，中國如果還是像春秋戰國那種情況的話，河南自己也有很多小國，周圍都是萊夷或者其他什麼人的話，這種情況是不可能出現的。所以，大一統害得最深的恰好是大一統最徹底、而且擁護它最厲害的那一撥人。誰最有能力反對它，誰思想意識上最反對它，這都是一個指標性的東西，反映了將來的情況。

過去江澤民時代以來，共產黨能夠唯一使用的理由就是：現在是過渡時期，需要積累資源，積累到一定程度的時候，情況就會好轉。現在的情況已經很清楚了，它不能實現它的任何諾言。例如，它跟大一統主義者許下的諾言是：我們能夠收復台灣，終結國共戰爭或者過去那些衝突的後遺症，我們能使中國變成世界強國。現在這件事情已經變得明顯的不可能了。它給民主主義者的許諾是：現在我們搞市場經濟，發展到市場經濟中的中產階級產生的時候，我們能夠給你一個自由民主的新中國。現在這件事情也變得不可能了。它過去維繫人心的所有承諾，都在習近平手中遭到了破壞。

這當然也是不可避免的。習近平這樣的人是必然要產生的，這些承諾早晚要有破裂的時候。也就是說，同床異夢的聯盟早晚會有大家扯下假面具、露出真實面目的那一天，就像國民黨和共產黨在廣州的時候還可以不扯下假面具、到了南京和武漢早晚會決一雌雄一樣，各種力量早晚會決一雌雄。具體誰贏誰輸先不管，但是無論誰贏誰輸，造成的結果都必然是撕裂，因為沒有誰能夠有足夠的能力完全戰勝誰。如果任何一方有足夠的能力完全戰勝其他各方的話，那麼你們現在看到的中國就不會是現在這個樣子了。在誰都不能戰勝誰的情況之下，分化是不可避免的，會像我以前說過的那樣，分成三種不同的地區，就是龍騎兵地區、敘利亞地區和張獻忠地區。

什麼叫張獻忠地區？就是社會已經瓦解到大家都是貧下中農，連土豪都產生不出來，相互競爭的手段只能用誰最心狠手辣、吃人肉的手段，這樣的地區就是張獻忠地區。張獻忠地區不是一個地區，而是無數個地區，有無數小張獻忠在各地活動。敘利亞地區就是，它還能夠產生土豪，集結成土豪社區，因此它能夠產生像今天的敘利亞軍閥和過去的張作霖和吳佩孚這種人物。這些人就是我打算發明民族時的利用對象。這樣的人如果足夠聰明的話，像當年的張作霖和陳炯明一樣，他就會發明出滿洲民族或者廣東民族出來。這些人，例如他們在體制內是屬於那種服從體制、但是比較擅長於給自己留些小金庫和留些餘地的那種人，他們不會把一切都上交上去。一切都上交上去的話，那就必然會變成張獻忠。

最後還有吸取了所有的人血集結出來的那些守衛北京城和重要鐵路交通幹線的龍騎兵地區。這個地區當然是嫡系部隊的地區，但是它必然會只能控制國家的一小部分，因為真正忠於共產黨國家的人口，所謂的體制內人口，本來就只有一到三億。再怎麼擴張，也搞不成資源的完全控制。而且要在這少數地區加強防範，比如說搞什麼天網工程或其他工程，保證它極高程度的、鐵一樣的安全秩序，是需要大量的成本的，這些成本只能從楊改蘭這些窮人身上抽，而抽血的結果就會把這些地區變成張獻忠地區。而如果有些地區能夠抗拒這種抽血的話，那它就會變成敘利亞地區。所以，中央的汲取本身就會導致上述三種地區的分化。

而掌握龍騎兵地區的人，無論是習近平還是他的繼承者，最後他必然會變成各大軍閥當中最大的一個，像今天阿薩德在敘利亞的地位一樣。他不能夠完全控制敘利亞地區，是因為成本太高了，這樣做對他不划算。某些利潤太少而又不是戰略要害的地區，他還不如不理。這些地方還不如黎巴嫩和伊朗這些境外地區價值更高一些。這是最經濟的手段。儘管不是他想要的手段，但是所有的演化最終都會指向勢能最低的一方，就是操作起來最經濟的一方。要麼你放棄了你的方案和藍圖，那麼你的勢力就不存在了，被別的方案和藍圖吃掉了。如果你有一個絕對不能放棄、就算是我被吊死在路燈上我也要堅持到底的方案和藍圖，那就只有一個問題——在你執行的過程中間手段高明不高明或者高明到什麼程度，而那只是影響到執行這個方案的相應地區的資源多少問題。

那麼你可以做一個大體上的估算。具體的定量分析是不可能的，因為沒有真實的資料，但是你也可以合理地推論：習近平想達到的這樣一個他心目中的未來的中國，是覆蓋不到今天這個中國的所有地區的，倒是可以覆蓋到比如說一帶一路的某些國外地區。他在實現這個地區的過程中所需要的巨大成本會產生的效果，依重要性排列，就是這幾項：第一，它會使國外的匪諜不得不完成就事物的本質和他們的實力來說不可能完成的任務，這個任務會使他們毀掉。也就是說，比如說在美國和台灣那些本來可以像一九六七年的香港左派那樣長期潛伏、繼續發展的匪諜，突然跳出來活動，然後被紅區黨說成是「工作不力」或者「搞修正主義」而搞死。第二，例如在廣東這樣的地區，它給當地的土豪提出了選擇。你悶聲大發財的時代結束以後，你不能拖，拖下去，你的資源就沒有了，你選擇吧。你是為了中國的緣故把你自己的資源多獻出去一些呢，還是為了自己的緣故想辦法多留一些小金庫，這樣就會決定你將來的下場。

至於某些地方可能一開始就注定是張獻忠地區，已經是不可救藥了。張獻忠地區必然會擴大，任何人的動作都會使這個地區擴大，所以將來蹂躪無產者的戰爭是無法避免的。而也有可能，在某一個集團控制了某些核武器的情況下，像阿薩德會使用化學武器一樣，拿出相互核平的手段來。我不會說是因為我瞭解任何內幕消息才推出這樣的結論，而是說就文明的歧視鏈和事物的本性來說，東亞自古以來以及歷史上的任何時期都比西亞要落後。西亞產生凱末爾的時候，東亞產生了蔣介石；但凱末爾成功的時候，蔣介石就要失敗。那麼根據同樣的邏輯，阿薩德不使用化學武器就不能做官的時候，阿薩德的對應物就會不使用核武器就做不了官。這是非常合理的推論。

◎很難想像中國共產黨高層會堅持某種意識形態而非從利益角度考慮問題，您怎麼看？

如果不是這樣的話，你早已經沒法理解他們現在的行為了。如果你按照職業外交官和現實主義者的觀點來看，現在的事情根本不應該是這樣的。可以說他們一直是瘋狂的，只不過他們的瘋狂有一個隔離層，就是相當於日本二戰期間的幣原外交大臣那一批人，或者是相當於李鴻章那一批人。在英國人看來，李鴻章就是大清，他們想像不到李鴻章背後還有另外一個核心。美國人多半就是以為幣原就是日本，他也想像不到幣原後面還有一個幣原控制不了的核心。這個核心運用了另外一種政治邏輯，就不理解這種政治邏輯的人來看，無異於精神病人的邏輯。但是不要忘記，精神病人的邏輯是非常有邏輯的，你只是進入不了他自己的思維空間而已。其實你無法證明你自己不是精神病人，你想想你怎麼證明一下你自己不是精神病人。如果精神病人拿著槍桿子指著你說，「你說出來的這個邏輯是只顧自己自洽的，純粹是精神病的邏輯，我要打破你這個框架」，你怎麼才能用合理的方式證明你不是精神病而他是精神病呢？這個完全是可能的，確實有可能他是正常的而你才是精神病人，只不過碰巧你這種人在世界上占了多數，把那些真正清醒的人關進精神病院了，你無法證明情況不是這樣的。

這就像莊周夢蝶、蝶夢莊周一樣，那不是人類理性可以證明的東西，這是一個信仰問題。說白了就是，你要證明你自己是清醒的，說到最後，經過無限多層次的邏輯推理，最後你必須相信上帝。上帝說是這樣的，而你是根據上帝的意志做事的，所以你是清醒的，而不按照這種邏輯做事的人是背叛上帝的，是不清醒的，最後你只能這麼說。中間的邏輯環節可以弄到無限複雜，但是最後這一步你還是逃不了。單憑理性，你完全無法證明在幾種不同的自洽的邏輯體系中間哪一種是瘋狂的、哪一種是正常的。說到最後，我硬著頭皮說威爾遜主義就是正常的秩序，最後我能夠拿出來的唯一真正能讓我自己心服口服的邏輯就是這樣的：因為美國人是世界上最虔誠地相信上帝的人，上帝恩賜於美國，上帝賦予美國特殊使命，美國人這麼做，那一定是上帝有這個意思，如果林肯統治了美國，那一定是上帝對他有所安排，除此之外沒有別的話好說。如果不承認上帝的話，那麼至少在共產黨這個統治範圍內，我只能承認我自己是瘋子。

你要想想，從共產黨的那種意識形態的角度來看，核平對他們不是失敗，它證明了馬克思主義確實是真理，證明了萬惡的帝國主義無論如何都不會放過你的。這對於他們來說，這證明了他們對帝國主義一向懷有的陰謀論是完全正確的。而且他們的失敗不是最終的失敗，他們用自己的血，像巴黎公社一樣證明了帝國主義終究是不可信任的，今後的革命後輩們會以他們為榜樣，根據他們留下的歷史教訓繼續前進，這樣做比跟著李鴻章那些貪官污吏去卑鄙地舔帝國主義的腳趾頭來苟延殘喘要英明正確得多——後者意味著認知圖景的徹底破產。如果馬克思到了中國而他名字又不叫馬克思的話，毫無疑問會被中共關進集中營的，但中共仍然是馬克思主義者。因為馬克思是一個神棍，馬克思制定了一種你可以說是精神病式的體系，這個體系在把自己封閉起來以後能夠證明一切，你永遠無法證明它是錯誤的。你打死了他，反而證明他更加正確，你不打死他，那就證明他是戰無不勝的，反正他總是正確的。他如果贏了，證明他英明正確，因此他才能勝利，否則他怎麼會勝利呢？如果他失敗了，也證明他是正確的，證明他的真理高於你的真理，以至於你們這幫反動份子清楚地認識到不能容許他活下去。

◎承上題，是什麼導致了他們堅持這樣一種意識形態而非從單純的利益考慮問題？

因為單純的利益就有一個權衡問題。比如說，一個赤裸裸的、真正誠實的理性主義者或馬基維利主義者會說，我殺十個人來救九十個人是合理的，但是如果殺五十一個人救四十九個人則是不合理的。因為等他殺到第四十九個人的時候，就會有相當多的人懷疑和叛變，最後他的團體就會解體。一個純粹由理性主義者組成的團體是長久不了的，因為他們個人在判斷底線的時候達不成共識，因為個人的理性能力不一樣，判斷必定會有偏差。有些人會在文革的時候覺得，為了救四十九個人，我殺的人已經快到五十一個了；但是還有人覺得，現在我才殺了三十個人，還可以再殺二十個人，以便救剩下的人。這樣構成的黨派是沒法團結的，是注定要解體的。它必須有一種能夠維持無限團結的、無限自洽的力量，這個力量會使他們覺得，無論殺了多少人都是完全合理的。因為一切歷史都是史前史，為了史後之人的幸福，史前之人全死光了也是無關緊要的。你要明白，相較於列寧，史達林還正常一點，列寧那種人本質上講，只是沒有人給他下診斷，他就是一個精神病人。他的精神病思維方式使他能夠採取正常人所不敢採取的極端冒險的措施，贏得體面的、理性的人不可能贏得的那種孤注一擲的勝利，同時又使他們很容易遭到正常的、理性的人不可能遭到的那種極小概率的失敗。

◎您曾經指出，習近平的賭徒心態會使它在機會即將消失時鋌而走險；但另一方面，習作為費拉大君，面對壓力時的反應應該是逃向壓力較小的一邊。這兩種分析所得的矛盾結果，請問要如何解釋？

這話不對。費拉大君的心態是逃避型的，但是列寧黨的傳統是要賭一下的。沒有賭，就沒有列寧黨，它就永遠是社會主義各黨派中間比較小的、不起眼的、被大多數社會黨領袖瞧不起的那一部分。但它最後能夠勝過大多數社會主義者，就是因為大多數社會主義者不敢賭，而它敢賭，這是列寧留下來的一脈相傳的秘傳。這個東西是不能寫進教科書裡面的，但重要的領袖在選擇繼承人的時候，例如像選擇張春橋*這種人的時候，都會把這一點算進去。因為他們無論在教科書上怎麼說，在公開場合怎麼說，心裡知道自己是依靠賭性，在那種九死一生、但是賭了以後可能贏得大獎的環境下，下決心賭了，然後才會有列寧的蘇聯，然後才會有毛澤東的中國。所以在安亭事件**這種情況下，領袖看重的就是張春橋這種敢賭的人，而不是看重上海市委那種循規蹈矩、按規章辦事的人。如果他是一個純粹的費拉大君，那就不用考慮了，他肯定會像過去宋朝或者是清朝在類似情況下的選擇，他會往後縮，但是如果他有列寧黨的性質，那就有盧溝橋選擇的可能性。盧溝橋選擇實際上是一個做得不好的十月革命選擇，本質上都是賭，只不過十月革命賭贏了，盧溝橋只賭贏了一半而已。但是如果不是國民黨有一半的列寧黨的基因的話，換北洋軍閥去做的話，結果肯定就是往後縮了。

◎習近平如果要搞星辰大海，在發動突襲前會有什麼跡象？以中國目前的組織能力，要是突襲關島或台灣，做不到悄無聲息吧？

當然做不到。最明顯的、最可靠的一個證據就是潛艇駛向遠洋。中國的海軍主力是潛艇，其他的船艦則不行。雖然中國籌備海軍的時間已經有十幾年，但是真正使用的時間只有最近幾年，按照海軍的一般規律來說的話，這段時間連技術軍官和有經驗的水兵都湊不齊。真正能用的就是潛艇。在第一次受到打擊以後還能夠反擊的力量也是潛艇，能夠發揮封鎖作用，阻止敵軍援兵行駛的速度，也是主要靠潛艇，而不是靠水面艦隊。所以潛艇必須在開戰之前就要離開比如說海南或者諸如此類的地方的港口，至少要提前四、五十天駛向遠洋，預備在第一波打擊過去或者是在第一波戰鬥過去以後作為後備的有生力量，或者

* 張春橋（1917-2005），中共領導高層，文革時期「四人幫」之一。

** 安亭事件，一九六六年底，上海工人革命造反總司令部的千名成員前往北京訴求工人革命權利，張春橋當時受中共中央指派前往處理此事，但再未請示上級的情況下，自作主張同意上海工總司提出的政治要求，引發政治爭議。張春橋自認為「安亭事件」是其生涯中的「政治豪賭」。

是在戰局有利的情況下駛向預定海域。如果不這麼做的話，估計第一波打過去以後就會後繼無力了。潛艇的活動是很容易探測的，特別是中國的潛艇，噪音很大，保密效果非常之差，每次來往都躲不過日本情報機構的監測，所以它實際上很難做到突然襲擊，至少對美國和日本來說是很難做到的。潛艇異動，如果是大多數潛艇都離開它們所在的港口的話，對方是會很快發覺的。

十四、無論怎麼選擇，結果都是解體

◎中國有沒有可能在未來稱霸世界？

這顯然是一點可能都沒有的。如果說伊斯蘭教會成為世界主流，那倒是有可能的。但是中國是不可能的，它取勝的機會比當時的蔣介石還要小得多，因為它是一種兩頭落空的格局。你想用低水準打敗高水準，就必須蝗蟲一樣有巨大的人口生育率；雖然我賤，但我像蟑螂一樣人多勢眾，或者像傳染病一樣能夠傳播。像早期的共產主義者和現在的伊斯蘭教具備這些特點，所以還有一定的機會。不然你就要走少而精的路線，像十字軍騎士或者像歐洲人、希臘人、羅馬人那樣，雖然人數少但是技術精而素質高，憑他們的品質來彌補數量的劣勢。但是你不能走中間路線，一方面你的生育率已經喪失了，思想傳染力已經喪失了，技術上又沒有趕超先進的跡象。那就像蔣介石那樣，你技術上不是發達國家，但是想用人口淹沒，你無賴的程度、賤的程度又比不上共產黨，你如果用這種手段去搞的話，那你就被共產黨取代了。所以，現在如果你共產黨走國民黨那條路線的話，因為你已經不夠賤、人不夠多、傳染性不夠強，你必然就會被伊斯蘭教取代，就像國民黨被共產黨取代一樣。為什麼？因為這是天造的神秘法則。你要扮演挑戰者的角色，你就必須是頭蟑螂。如果你不夠蟑螂的話，比你更適合於做蟑螂的人就要取代你。說中國人口最多，這是不值一駁的，你只要看看一九九七年以後鄉村那些小學的情況就已經很清楚了。中國現在如果不搞突擊的話，十年以後老年人就會大批餓死或者被計畫死亡了，因為確實沒有其他辦法來解決這個問題。

◎請您分析一下外戰和內潰兩種不同的國家崩潰方式分別會造成什麼結果？

從長遠看來沒有什麼區別，短期看有區別。但是對於許多人來說，長遠和短期意味著十分重大的投機機會，所以還是有必要區別處理。外戰肯定會引起內潰；不外戰，也只是緩慢的憋死。但是外戰引起的內潰有一個良好的機會，就是你可以耍賴，你可以把你的責任推到征服者頭上，可以指望征服者對你輸入秩序。在這樣的情況下，你能夠得到一定的重新起步的資本，能夠比徹底的內潰的情況下獲得比較好的再生機會。如果是徹底的內潰的話，在已經是一個高度費拉化、遍佈了小張獻忠的環境之內，你能夠得到的下場一定是非常悲慘的。在這種情況下，多少年來文明世界認為絕對不可能的恐怖片場景都會出現。

◎中國未來會不會解體？會用何種方式解體？

那是自然。你無論怎麼樣選擇，結果都是解體。你要接受現行的主流社會倫理的話，那麼自然就是從沿海周邊開始，往內地一點一點的解體了。普丁無法避免做半個歐洲人的誘惑，所以他都不敢要求整個消滅烏克蘭，只是要求在邊界線上讓那些講俄語的人口從烏克蘭獨立出來，這跟解體是沒什麼區別的。你只要接受了西方的邏輯的話，你就只能接受解體。但你如果不接受西方的邏輯的話，你無論怎麼抵抗，也都會導致解體的。如果是正面抵抗，搞一次珍珠港，那麼你垮台以後當然就解體了。如果你半陰半陽的，不發生政治衝突，而是盡可能地集結力量來維持一個超級國家這樣來維持冷戰的話，那麼你積聚這些資源的過程就必然會使社會基層空虛、不斷黑社會化，然後這又會導致新的解體。或者說得乾脆一點，你如果有五十斤的力氣而一定要挑一百斤的東西，我就不用考慮你到底是哪一根脊椎骨折斷了，反正你總會折斷某一根，最後就癱倒在地了。你要保全性命的唯一辦法就是，你不要去挑這一百斤的擔子。但是問題在於，如果早在你出生以前這個擔子就已經挑上了，那也就沒有什麼辦法了，只有等到壓斷了你的脊椎骨以後重新換一種建構理論、換一種比較輕的負擔才行。

然而，你不可能預測中國是怎樣解體的，但是一旦解體發生的話，其實後來的事情是很容易預測的，可以選擇的路徑也只有這幾種。首先，無論是在怎樣的一種過渡狀態下，在相當短的時間內，它必然處在一種極其軟弱的狀態，制止不了像外蒙古和西藏在辛亥年做的事情的重演。在這個時候，首先台灣就會把事實獨立變成法理獨立，中華民國在台灣就不存在了，它就自然而然變成台灣民國了。新疆、西藏會抓住這個時期迅速地獨立，而你無法進行有效干涉。然後內地各省，可能在觀念上還會主張我們應該以某種形式建立另外一種新的中國政權諸如此類，但是也可以合理地推測，他們誰也壓不服誰，無論是不講道義、只講實力的那些軍閥式的人物，還是比較講道義和規範、有各種憲法理想的知識份子，誰都沒有辦法壓住其他的人，所以自然而然會出現袁世凱、孫傳芳、吳佩孚這樣的人，造成事實上的支離破碎。

假定在沒有外力干涉的情況下，那麼就會是類似拉丁美洲軍閥混戰的情況。會有一些失敗的軍閥，本來是想打進北京城的，然後打不下來，只有割據各省或者是一大片地方自立。這時候你就可以介入了，你就可以說服他，你與其這樣沒完沒了打下去，還不如像是拉丁美洲的烏拉圭或者其他什麼地方一樣，到此為止，保境安民。你如果是孫傳芳的話，你就直截了當地建立五省聯盟，然後把五省聯盟變成一個新的聯邦，憑藉你的膏腴之地建立一個比較好的國家，就不要去管河南或者山東那些事情了，這樣不是比永遠沒完沒了地打來打去要好得多嗎？這就是所謂的拉美路徑。

但是另一方面，從內亞方面可能有新的干涉者，像一九二四年以後的共產國際一樣，它可以把本來不可能統一中國的力量，像國民黨和共產黨那樣，重新扶起來，利用外來的力量，像滿洲入關一樣，重新統一東亞地區。這是另一種可能性，這種可能性也只有其他的外來干涉者才能夠阻止。但是即使發生這種情況，假定你對諸夏理論*有充分的瞭解的話，你也可以做當時國民黨和共產黨在的時候做不到的事情：在危急時刻、快要守不住整個局面的情況下，你至少可以把廣東或者滿洲這樣比較邊緣的地方拉出來乾脆獨立，使來自內亞方面的洪水在你的邊界上停止下來。也就是說，華夏文化所在的這個區域還不至於像一九四九年那樣滿盤皆輸，還可以留幾個邊緣的孤島，作為獨立國家的形式。像希特勒雖然能夠吞併奧地利、卻吞併不了瑞士那樣，可以留幾個東亞的瑞士作為華夏文明的保護區。

◎中國社會的承載力閾值到底是多少？

我相信組織架構的資源透支是有一定限度的，它能夠應付的複雜度是有一定限度的，而且這個限度的閾值在中國是相當低的。超過這個閾值之後，它的紊亂度就會很容易按照某種像二月革命那種黑天鵝事件的情況下，在沒有任何人設計的情況下，紊亂會迅速地蔓延開來，導致整個系統崩潰。不是任何人打擊了它，而是因為系統本身的承載能力。它是只能在低層次上承載的，越過一個承載閾值以後，基本上所有的脆弱環節都會在差不多不約而同的時候突然承載不住。

因為中國的維持是要依靠降低水準和預期這種情況來維持它的穩定的，所以對它來說，落後和失敗都算不了什麼，發達和接觸反倒是非常致命的。就像當年的沙皇俄國，若把自己完全封鎖起來，也許能千秋萬代；但它一定要跟英法結盟，而且要原始的俄羅斯軍

＊「諸夏」原指東亞上古周朝時期的中原諸侯國，但在作者的語境下，泛指東亞歷史上與春秋戰國時代類似的多國體系，比如一九一二至一九四九年的民國時代，作者稱之為「第二次諸夏時期」。而「諸夏理論」則是作者基於中國歷史之規律，所建構的一系列關於今天中國解體後之可能發展的學說。

隊和俄國社會承擔跟英法差不多的任務，這才是出毛病的關鍵。

中國如果要融入世界的話，基本上是避免不了類似的閾值突破的，它的整個系統的承載能力達不到它準備融入這個世界所要求的最低限度。如果要是我的話，我就會採取，一方面要採取封閉政策，另一方面要採取一種喪權辱國的政策，放棄向外延伸的任何努力，不惜增加對西方的事實上的貢賦，然後把一切壓力轉嫁到國內。在這種情況下，我倒覺得，至少我自己一輩子榮華富貴是有把握的。但是我不會主張採取這種自相矛盾的政策：一方面要到海外去延伸，一方面對內加強封閉，這兩方面的做法湊到一起，就像天鵝和梭魚拉車一樣，是會把車拉翻的，它們指向相互矛盾的方向。

◎中國目前仍然是世界上最大的製造業生產基地，如果中國解體，將對全球經濟的產生什麼影響？

無論在什麼時代，最低端的產業都是最容易替代的，也就是說苦力總是最容易替代的。但是隨著生態鏈的變化，有的時候，在比較早的時期算是高端產業的，過了一段時間就變成低端產業了，這個就不能一概而論了，要根據當時的生態位來判斷。紡織產業在十七世紀清教革命的時代曾經是高端產業，但是現在就是很低端的產業了。鋼鐵產業在二戰的時候算是高端產業，但是現在就變成很低端的產業了。無論在什麼時候，產業都是分高端和低端、中心和邊緣的，而中國這些產業呢，很不幸，始終是站在邊緣的地位上。邊緣產業無論是從數值上看多麼龐大，都是非常容易替代的。美國南北戰爭以前，憑國民生產總值和經濟利潤，南方並不落後，單純的純利潤反而更高一些，但是從埃及來的棉花替代南方的棉花，最終只不過用了三五年的時間。

因此，實際發展可能是，墨西哥、東南亞、印度這些地方得以獲得大量的訂貨，但是這些訂貨是比較分散的，實際上對每一個國家都不會有很大的影響。因為中國不同於以前幾次金融危機的拉丁美洲和東南亞國家，它會把自己的金融體系鎖起來，只會使體制外的那幾億勞動人口慢慢的挨餓，在整個帳面上出現死賬，但是外表不會塌下來，因此不會像是二〇〇八年金融危機發生在資本主義核心地帶的那樣震動全球。至於美國，在廉價勞動力產品市場轉移的時候，將會經歷一場溫和的通貨膨脹。

◎中國經過這麼多年的資源和技術輸入，如果出了問題，再不濟應該也能撐很久？

事物都有它的正常位置，越過正常位置是非常困難的，返回正常位置則是非常容易的。伊斯蘭的地位一直比中國要高。只有在江澤民時代借助九一一造成的局勢，你才能夠暫時利用西方和伊斯蘭教的衝突，給自己贏得一個比較好的機會。但這個機會是非常偶然和不自然的，非常像是蔣介石利用珍珠港事變，一度從美國那裡贏得比日本人更好的待遇。這樣的待遇是轉瞬即逝的，因為日本在正常情況下就是比蔣介石的地位要高。也只有在日本和美國發生衝突的這段短暫的時間，它的地位才能夠逆轉過來。戰爭一結束，雙方立刻就回到原有的地位上去了。

伊斯蘭教跟中國相比也是這樣的，它的地位一直比中國高，也就是九一一以後那個短暫的時間才能夠暫時逆轉，然後很快就會返回原位。像川普給予沙烏地阿拉伯的那個待遇，跟給予中國的待遇就是完全不一樣的。同樣是為了貿易平衡，中國就只能夠進口一些牛肉或者是天然氣之類的，沙烏地阿拉伯就能夠進口美國的武器，這些武器是一九八九年以後美國人絕對不會給你的東西。其實美國只要肯賣武器或者高科技產品，早在朱鎔基那個時代貿易不平衡問題就不存在了，但是這是不可能的。僅僅在幾個月以前，中國還很想參加美國的基建計畫，以此作為一個賄賂川普的手段，但是沒有成功，而這個基建計畫眨眼之間就給了沙烏地阿拉伯人。從這兩方面就可以看出，伊斯蘭教保守派和基督教保守派之間的親緣關係，顯然比中國和基督教保守派之間的親緣關係要大。經過了短暫的逆轉以後，現在又重新返回到原地了。

◎美國實施技術封鎖，中國有沒有可能開始閉關鎖國？

閉關鎖國是大清國和德川幕府才會這麼幹的，它們都是有合法性的政權，而且對外沒有進攻性，沒有征服全世界的野心。而中共不是合法政權，它是僭主政權，而且它從來都有征服全世界的野心。所以根本不存在閉關鎖國的問題，只有本來就有的技術封鎖進一步收緊。而中共肯定會用變本加厲的、更不顧吃相的盜竊搶劫手段和顛覆手段來彌補這方面的損失。如果說封鎖算得上是閉關鎖國的話，那麼中共與大清、德川幕府最大的不同是，前者都是被迫封鎖的，而不是主動要自己封鎖自己的。而且在被封鎖的狀態，中共肯定要偷雞摸狗去偷一些東西回來。大清和德川幕府是不會去偷東西的，雖然它落後，但它還是傲慢自大地堅信在自己的天下內部自己是合法的，用不著去偷別人的東西，而且自己的東西就是最好的。

◎中國有可能會用接受難民或者滅掉北韓的行為向國際社會妥協，延長自己的壽命嗎？

中國眼裡沒有國際社會，只有美國。中國只尊重有能力打擊它的那幾個大國，對於不會打它、只有輿論的那些大多數小國，實際上根本不放在眼裡的，只想統戰、利用、敲詐他們。北韓對於它來說是應付美國要求的一個籌碼，所以它不會把事情做絕。站在中國的立場上應該這樣想：如果需要討好美國或者不得不做出讓步，可以把北韓這個籌碼拿出去讓步，但是不到萬不得已的時候，可以出租的東西就不要賣給別人，否則以後就沒用了。美國沒有提到或者是沒有要求的東西，它絕不會給。美國提到的或者是涉及實質性要求的，那也就只有北韓核武這一項，這一個項目是中國可以出賣北韓的地方；但是難民之類的東西並不是非中國才能解決的問題，美國對此也沒有什麼要求，也根本不存在什麼出賣的價值。同時，北韓核武和政權的延續性在平壤和北京心目中有不同的意義：平壤認為這兩件事情是一件事情，也就是說沒有核武，北韓自己也會完蛋；北京認為這是兩件事情，它願意把核武作為犧牲品交給美國，但是不願意把北韓政權的存續本身也作為交易對象交給美國。而美國其實也沒有提出這方面要求，它不可能把美國都沒有提出的要求作為交易專案賣給美國的，顯然這是沒有意義、也不符合它一貫的做法的。

◎中國解體對美日關係會造成什麼影響？

不存在中國對美日關係的影響。因為中國一旦崩潰，就會形成一系列立場不同的小邦，和一大片沒有能力建立有效組織的費拉地帶或者是洪水區。而這些小邦由於歷史上的關係，跟美日等列強之間的親疏是不一樣的。這種情況就像南斯拉夫解體以後的情況一樣：克羅埃西亞和斯洛維尼亞跟德國的歷史關係非常密切，所以它們一開始就跟德國建立了特殊關係，而德國也格外支持它們的獨立；而波士尼亞的穆斯林則跟伊朗和伊斯蘭世界建立關係，接受它們的秘密援助；至於塞爾維亞，則恢復了它跟東正教世界的傳統關係。中國這種崩壞的狀態，像滿洲這樣的地方，勢必會根據它原有的傳統，重新培養跟日本的特殊關係；像上海自由市或者它輻射的吳越，根據它歷史上跟英美的特殊關係，比較更有可能直接重建它們跟英美之間的外交。

◎出於對中國解體可能對全球造成災難性後果，西方會不會對中國綏靖，從而在客觀上為中國續命？

如果不搞綏靖的話，中國早在九十年代就已經崩潰了。你現在看到的這個格局，就是長期綏靖的結果。九十年代的綏靖導致中國從八九年以後的災難中暫時緩過勁來。小布希政府的綏靖導致中國從二〇〇一年以後就會落到的主要戰略敵人格局中重新緩過來，一直緩到現在。但是到現在，上兩次綏靖所依賴的資本都已經消耗殆盡了，你要指望下次綏靖的話，你必須有那種可以出賣的東西，比如說是出賣伊斯蘭世界，或者說是出賣本國的廉價勞動力。現在你還有什麼東西可以出賣呢？在一個已經老齡化的格局裡面，前一條道路是走不通的，恐怕只有打一打土豪、然後重新建立一個新的汲取體制這種方法吧。

◎如果中國解體後各地民族發明失敗，北方被綠化（指被伊斯蘭世界接管），南方在西方扶持下形成一個新的政權。在這種情況下，歷史將會如何發展？

這種情況基本上沒有出現的可能，西方不會扶植南方建立一個小中國的。這樣一個政權，就像是蔣介石在一九四九年很想建立的那個政權，但是實際情況是，沒有任何人願意扶植他做這樣的事。西方願意扶植的政權就是，比如說一個上海自由市，或者再廣一點，就像愛沙尼亞和拉脫維亞不可能只有里加和塔林這兩個商業城市一樣，再把周圍的部分也發明進來，發明一個不大的「吳越國」，這就是西方願意支持的極限了。

至於內地，比如說是「荊楚利亞」和「巴蜀利亞」*，就必須要有波蘭畢蘇斯基**式的人物，能夠果斷地採取威權主義的手段，運用土豪和剿匪的權力把周圍的人團結起來，然後才能夠勉勉強強地製造出一個類似拉美軍政府式的獨裁國家，然後這個獨裁國家跟沿海的南粵或者吳越搞好關係，發展幾代人以後，緩慢地推行民主化，這樣才能夠有比較好的前途。如果沒有像畢蘇斯基這樣雄才大略而且眼光準確的領導人的話，這些地方就會直接送給張獻忠。這就是他們可能面臨的結局。沒有任何政權能夠統一整個南方的。內亞來的征服者是可以把長江流域整個征服下來的，但是吳越人是沒有任何可能征服整個長江流域的。西方也沒有什麼可能會資助吳越或者上海的統治者深入沿海五百英里以外的土地。

* 吳越國、荊楚利亞、巴蜀利亞，皆是作者以其諸夏理論視角下，對具備潛在建立民族國家條件的中國地方之稱呼。吳越國範圍包括江蘇省、浙江省、安徽省；荊楚利亞包括湖北省及其周邊區域；巴蜀利亞包括四川省及其周邊區域。

** 畢蘇斯基（**Józef Piłsudski, 1867–1935**），近代波蘭政治家、軍事強人，在一九二〇年華沙會戰中挫敗了蘇聯紅軍赤化波蘭的企圖。一九二六年起執掌波蘭政權，致力於維持波蘭在周邊強國夾縫間的獨立地位。

十五、大洪水之後，中國人該往哪裡逃？

◎為什麼您認為稍微有點尊嚴的人都會離開中國？

這話不是我說的，但是說的沒錯。中國是一個適合馬基維利主義者大顯身手的實驗場，因為在這裡，沒有規則就是最大的規則，你隨時可以通過破壞原有的遊戲規則給自己撈到額外的好處，每一次都可以犧牲掉那些比你更遵守規則的人，把他們變成傻瓜。在這樣的地方，取得勝利是不難的，用不著什麼高新技術，你只要比別人更加沒底線就行了，所以它是一個冒險家的樂園和大型的實驗場。也因為如此，在中國想過安定和體面的生活是不可能的，因為別人隨時都可能用你自己用過的那一套馬基維利手段來對付你，從而扭轉勝局。在這個鬥爭的場合中，是不可能有什麼持久的和穩定的勝利，不可能有什麼合法的財產，廣受尊重的榮譽，或者是任何使你能夠穩定享受的東西，一切都是可以通過臨時的鬥爭來奪取。

◎依目前國際局勢發展來看，體制內公務員未來的前途發展是好是壞？

公務員沒戲，基本上會打白條*。打白條是大多數，因為財政跟不上的地方和層級是大多數。少數有錢的地方可以。能夠自己賺錢的部門，比如說像負責海關或者其他什麼有油水、能夠吃拿卡要**的部門，可以自己去賺錢。強力部門總有自己的黑社會。但是大多數公務人員可能都是機關幹部或者學校老師，基本上最容易餓死、最容易打白條的就是這種人了。

* 打白條，中國用語，指欠款單位開的非正規收據或欠條，如用白紙、便籤等。
** 吃拿卡要，中國用語，指官員利用職務便利、索取好處的形象體現，其含義接近「以權謀私」。

暴力機關在它自己打不贏和控制不了局勢的時候，下場往往會很淒慘；但是在它能夠控制得了局勢的地方，他們對中共或者任何旗號都並不留戀，而是極度眼光現實、極度在乎實際利益的人。他們是很容易變成軍閥、很容易變成袁世凱和普丁的，也很容易跟那些有很多本來就是他們的分支機搆、老弟兄或者周邊派出機構的黑社會或有背景的特殊企業之類的合作起來，用黑社會手段瓜分江湖。如果你打不贏，那麼所有人犯下的罪行，包括那些已經死的人犯下的罪行和現在還能打得贏的那些人犯下的罪行，都會賴到你頭上來；如果你能打贏，那你就會變成普丁統治，把你的前輩犯下的罪行、你的同時代的人犯下的罪行和你所犯下的罪行，全部賴到那些死人和打不贏的人頭上。然後普丁同志就可以和袁世凱一樣，假裝這些事情跟他一點關係都沒有。

未來的新體制是由他主管的，以前和同時代犯下的所有罪行都跟他沒有關係。他會譴責列寧同志，把共產黨員抓進監獄裡面，儘管他自己也是共產黨強力部門裡面出來的。而且他要統治的話，還要繼續用一些前匪諜、前黑手黨，但是這並不妨礙他以另一種旗號出現，輕而易舉地賴掉前政權積累下來的所有仇恨和債務，把這些事情統統扣到那些本來跟他是出身為同一家、但是因為打不贏也就失去了利用價值、最適合當替罪羊的角色頭上。

◎在體制內工作的人，如果想在管制嚴密的龍騎兵地區當冒險家，從事什麼職業比較適合在未來發展？

什麼職業都可以。黑社會一般不是專業，而是在你從事的某種職業當中，由於你有適合在野草式自發秩序當中成為江湖梟雄的性格特質，然後在環境的刺激下不知不覺、自然而然獲得了地下社會的威望。像白寶山*那樣，儘管被描繪成為十惡不赦的人，但是愛他的婦女、崇拜他的粉絲在下層社會當中——不，這個定語都可以刪掉，在全人類當中，崇拜他和知道他的人肯定會比崇拜我和知道我的人要多得多。這一切都是自然而然發展起來的。即使你開始的時候只是一個火鍋店的老闆，或者只是大巴山區的一個漁民，這些事情都會自然而然產生，超出當事人事先能夠預料到的程度，因為人和環境的互動本身就是生態性的，不是你事先能夠設計得好的。

當然，你如果沒有那些特質，你進到這樣的環境裡可能中途就掛掉了，或者嚇破了膽

* 白寶山（1958-1998），是中華人民共和國二十世紀末多起重大連續殺人案的主凶，其生平被多次改編成戲劇。

就萎靡不振了。但是，如果你有這樣的特質，那樣的環境就會把你培養成梟雄，甚至也有可能，如果你本來有這樣的潛質的話，你會覺得循規蹈矩的生活提不起你的興趣，像是受到內在的召喚一樣，漸漸向邊緣地帶移動。只有在可以自由發展的邊緣地帶，你才能夠放開手腳大幹一票。就像那些過去的企業家，在七十年代末八十年代初在國有企業裡面總是不順手，一有下海的機會他就跳出去自己當私人企業家那樣。

◎從事馬克思主義哲學、政治經濟學、思想教育以及黨史研究等各種知識份子，未來的下場是不是非常淒慘？

這個得分別處理。黨史研究裡面的反賊其實非常多。他們有一種特權，可以比其他人更有機會去看秘密圖書館的檔案庫裡面的資料，但是看的前提就是不准說。然後看了又不准說，所以心裡憋得慌。肚子裡面掌握著無數黑材料，又不敢說，所以很容易憋出精神變態來。

而從事思想教育的人，一般來說跟軍訓教官是差不多的，往往是不學無術的，通常是由領導的親戚或者其他幹不了別的事情、但只會說教的人放到這種學校裡面來。我覺得這種人大概不會絕種吧，無論是事態變化到什麼樣子，頂多是前朝領導滾蛋了，這種人就自動去要飯了，但是多多少少，世界上總會需要一些頭腦簡單的像警犬一樣的人來從事這種工作。他們現在的處境就像是「哲學家不解釋」那位親愛的老師一樣，一個月拿著五千塊錢的工資，在北京租房子，騎著自行車上班。他們相信中共，而對於中共來說他們基本上是廢物。「哲學家不解釋」當時出書的時候，那五千塊錢還能發得下來；過不了幾年，這五千塊錢也都發不下來了。

任何時候，無論是在國民政府的時候，還是現在，還是以後的時候，最先剋扣工資的就是機關、國有企事業單位和學校的白領人員、辦公室人員，因為這些人是最缺乏實際用處的。到關鍵時刻，我匪需要一幫打手，需要一幫能夠給他招募黑社會到處打人，打各種上訪群眾的那種人，同時還需要照顧他自己的皇親國戚諸如此類的人。夾在中間的那些人是最不重要、首先被犧牲的，尤其是你自己又不會打架，又不會鬧事，這種人是非犧牲不可的。馬克思主義哲學家，那都是一些手無縛雞之力的人。

◎現在的年輕人有很多小粉紅，高唱民族主義，這些人的下場會如何？

民族主義這個東西是要靠願意流血或者是願意付帳的人來支持的，既不願意流血又不願意付帳、只願意做做姿態的人，不是民族主義者。宋明以來，以及三十年代，像這種沒有啥本事的小知識份子，想用非常廉價、自己不付代價、由別人付代價的方式，想要給自己出名、造聲勢，這種事情實在是太多了，根本稱不上民族主義。任何人如果是像崇禎皇帝或者蔣介石那樣把他們的話當真，以為他們說的話是能夠執行的，用自己的資本去執行他們的話，那麼會自己害自己，那是沒有什麼價值的。

所以，一個足夠馬基維利、頭腦足夠冷靜的領導人，會毫不猶豫的把小粉紅們當作垃圾和塵土來對待。如果自己把自己給騙昏了，以為自己的宣傳部門煽動出來的這幫投機份子真能給自己提供有效的支援，那麼必定會落到蔣介石當年的下場。

◎對一般人來說，未來在中國的醫療條件能否獲得保障？

趁著現在你的小孩還沒有生病住院，那就趕緊清理掉一切財產溜走吧。下一次他住院的時候，就不再有進口的ＣＴ或者是其他什麼儀器。骨折了需要換骨頭的時候，也再沒有進口的鋼制骨骼支架。而用國產那些會生銹的東西換進去的話，也許就會使他終身殘疾。你現在享受的這些醫療條件是江澤民時代以來的一個非常短暫的機會視窗，很快就不會再有了。

上次《自由的基因》的翻譯家徐爽來找我的時候，她說她的祖母需要在腿上換一個支架，而卻始終拖延著不肯做手術，我就提醒她說，再過兩年就不再有進口的東西可以用了，要換現在就換，否則以後就沒有了。我不知道她後來回去以後有沒有這麼做，但是這個情況是適用於所有人的。你現在如果再去住院或者是你的孩子再去住院的話，你就得用國產貨了，而國產貨多半是品質很差的。而大多數醫生和醫院的級別和療效，都是看它擁有多少進口器材和藥品的。沒有這些東西，無論哪個學校出來的醫生都跟赤腳醫生沒有什麼太大的差別。

◎共產黨倒台後，中國會不會出現更壞的社會？

那是很有可能的。有很多地方很可能會出現像伊斯蘭國或者是其他什麼亂七八糟的黑幫組織。然後這個時候你就會覺得至少江澤民和胡錦濤還是很不錯的領導人，就像是後來大家懷念蔣介石一樣。蔣介石在的時候沒幾個人懷念他，但是自從共產黨來了以後，大家就覺得蔣介石是好人了。

中國解體是一定會的，但是內地本來就有很多地方，離地獄就只有一張紙的距離。撕破這張紙以後，這些地方就直接赤裸裸地打起來了。黑幫統治其實最根本的問題就是一個成本問題，直截了當地殺人是一個成本非常低而且非常解決問題的辦法。你不要說這種辦法是很野蠻、不解決問題的，恰好相反，它最解決問題了。有很多事情之所以解決不了，就是因為你不肯突破底線。只要你肯突破底線的話，那麼資產階級認為是問題的，在無產階級看來那全都不是問題。你只要直接去先搶了再說，把沒有用的人口統統殺光，所有的問題都能夠迎刃而解。當然別人會罵你，但是不是早就有一句話嗎，優秀的共產黨員就是不能怕挨罵的，怕挨罵的人還能當共產黨員麼。

所以這裡面有一個合乎邏輯的解決方法，就是說，我們不管怎麼樣講人權，都達不到西方認為是可行的標準，也就是說人家還是要罵我們的，大罵和小罵有什麼分別呢，反正你們都是要罵的，那我們還不如做絕了再說呢。反正你都是要罵我的，而且同時你也不大可能打我，這就很重要了，既然我橫豎都不會挨打，我做絕一點也無所謂，既然我橫豎都要挨罵，那麼做得好一點也沒有用。

如果說有誰在乎的話，那就是沿海地帶和比較上層的那些資本家之類的人，包括紅色資本家那些人，他們還希望通過跟西方的聯繫繼續發財，所以比較在乎這些；如果是內地那些官員的話，他們寧可是把這些萬惡的買辦份子統統殺掉，然後關起門來自己搞伊斯蘭國，那樣要省事多了。外界肯定會罵的，但是誰會願意到伊斯蘭國的核心地區去出錢來統治呢，那肯定是賠錢虧本的事情。再說你也不大可能像伊斯蘭國那樣向全世界派出恐怖主義，你只在本土的轄區內部殺延安紅色根據地內部的老百姓，別人一點都不覺得你有什麼可怕的意圖。伊斯蘭國要是不向外滲透的話，那它將來在三代以後加入聯合國也是很有希望的。

◎中國解體後，席捲而來的「大洪水」將是一個持續的人口滅絕過程。那麼這個過程會持續多久？

按照歷史規律的話，就是三十年到五十年左右，但是這個也要取決於外來干涉的力度。如果有外力進入，例如像歷史上經常發生的那樣，內亞部落在窪地內部人口滅絕的同時進入，他們自己的部落組織的文化模式跟你不一樣，沒有受到你這種自毀文化的影響，這兩個過程疊加在一起，很容易被弄混。實際上很多歷史記載都是把兩者混在一起了，其實真正發生的事情是兩種不同的人口：一種是正在走投無路的費拉人口，正在不斷滅絕；一種是新興的、吏治國家也不大敢惹的內亞部落人口，正在不斷繁榮。費拉人口也可能沒有完全滅絕，在自相殘殺的過程就被入侵者——例如滿洲人——拯救了，使他們沒有落到只有在他們自己的情況下那種魯榮漁號*必然發生的自我滅絕。這種情況其實是一種拯救，但是這樣做對他們自己和對蠻族都不好。

在一個純粹只有費拉人口的地方，發生的事情就是：首先是老年人普遍被遺棄或是自殺，像現在的黃泛區的情況就已經是這樣了，如果是在過去儒家宗族還有生命力的情況下，他們會養著他，但是地主鄉紳已經被打倒了，儒家倫理已經不靈了，年輕人出來打工，如果回鄉就要失去自己的前途，然後老人就只有在家裡面自生自滅，自殺就變成一種安樂死的方式；新一代呢，在儒家家庭觀已經垮台的情況下也組成不了有效的家庭，只能組成一個以信譽和合夥吃飯為主的臨時結構；生出來的孩子也沒有辦法教養，可能十二、三歲，到了力氣大了、老師打不過他的時候，就開始用他們自己習以為常的那種殘酷方式相互戕害，二、三十歲的時候找不到工作，最後就變成張獻忠；然後他們這一代就不會再有後代了，或者說是有後代也會迅速地被遺棄而滅亡。

* 魯榮漁號事件，又稱「太平洋大逃殺案」，指二〇一一年中國漁船「魯榮漁2682」號出海後，船上三十三名船員因故發生鬥爭、彼此殺害，最終只有十一人存活。

在我剛才描述的這三代人當中，在沒有蠻族或者其他外來干涉的情況下，這三代人的更替就足以完成滅絕進程。現在，第一代人，就是中共打土豪製造出來的那一批人，在年老的時候變成只能自殺、無人照顧的孤獨老人的那一代，已經走進必然滅絕的那個坑裡面了，第二代、第三代的故事正在展開。第二代和第三代的故事，如果沒有外來干涉、沒有外來的秩序輸入的話，大概就是二十年到五十年之間的事情。

◎中國的傳統核心區——河南地區，會是大洪水最早到來的地方嗎？在大洪水中，當地的伊斯蘭教和基督教又能起到什麼作用。

河南每一次都是大洪水的核心地帶，因為它的社會是平鋪散漫的，官吏的權威格外的強大，同時官吏只對上負責、犧牲自己的同儕和百姓來對上邀功的傳統又是格外的強大。如果說是在廣東或者是福建還比較有可能產生出維護地方父老的官員，那麼河南本地的官員的話，基本上無論哪朝哪代，都是最樂意犧牲本地利益、為自己在上級面前爭取一個比較好的政績而出力的。它的經濟資料和各方面統計資料是摻水最多的，在急功近利、犧牲長遠利益方面也是做得最絕的。

可想而知（我想這些事情基本上已經發生了吧），在中國金融系統逐漸瓦解的同時，資金鏈斷裂的現象應該也是首先在河南省東部出現。但當地官員願意曝光或者願意處理的積極性必然也是最差的，不到事情徹底鬧大、當地原本就不太發達的整個產業鏈陷入斷裂的狀態，他們是不肯採取有效措施的。可能有某些地方的情況已經比滿洲或者是山西更嚴重了，但是相應的資料仍然不會上報，仍然不會採取適當的處理方式。

在這種情況下，我不瞭解河南的穆斯林團體或者是基督教團體有多長的歷史淵源，因為歷史積分是相當重要的事情，如果它們的歷史相當長、而且已經做了很多事情的話，那麼它們的凝結核作用就能夠在相當程度上緩解洪水的衝擊；但是如果它們產生的時間很短的話，那麼照歷史積分的原理，它們還不夠填滿過去那種散沙狀態留下的坑。據我瞭解的情況來說，後一種狀態的可能性比前一種狀態要大得多。很可能，現在存在的許多教會組織本身也是極其分散和軟弱的。弄不好它們很容易會像是帝國晚期那種最腐敗的儒家知識份子，把經典上面講述的那些教條變成專門苛責幼弱的一種東西，像「餓死事小，失節事大」一樣，強迫那些本來就是很窮很弱勢的教徒去承擔他們力不能及的各種義務，而不去考慮共同體相互保護、團結起來反對外人和上面的壓力這些必要的東西。

這種行為模式雖然是既害人又害己，但是一旦形成了路徑依賴的話是很難改變的。而且並不是說你以前讀儒家的經典、讀共產主義的書，現在改讀《聖經》或者是讀《古蘭經》以後，就能迅速改過來的，因為行為模式這個東西是可以給自己帶上很多層面紗、撕掉原來的標籤又換一個新的標籤的。真正要想斬斷原有的傳統是需要做出相當大的犧牲的，而且尤其要在轉型的第一代、第二代做出格外重大的犧牲。最初建立的那些教會組織能不能做到這一點，尤其是本土性很強、又缺乏比較正統教會的傳統約束的這些人能不能做到這一點，目前仍然是存疑的。

當然你要鑑定這一點，某些指標性的東西是可以參考的，最可靠的指標就是團結能力。當你所在的團體或者你看到的某個團體，無論它自稱是基督教還是伊斯蘭教的，面臨某種壓力、需要做出某種犧牲的時候，它們是怎樣處理這種犧牲的，是理直氣壯的把它攤派到抵抗能力最弱的那些人身上去，然後在經文上或者其他什麼地方找一些類似的依據證明這些做法是合理的呢，還是像一個真正的共同體所應該做的那樣，把所有需要做的犧牲都看成是集體處理的整體事務。能不能夠把這些必須付出的代價合理的在集體成員中間進行分攤，是共同體生命力能不能過關的一個最可靠的指標。首先要在內部能夠形成一個比較像樣的共和機制，過了這一關，然後你才能談它是真正的共同體。然後第二個指標就是，這樣形成的真正的共同體對外界的抵抗力有多大，它能夠抵抗多大的壓力和多大的災難，這個才是共同體生命力的強弱的合理指標。但是如果連共同體本身都沒有，連實質的共同體存在的這第一個指標都過不了的話，後面這個指標用起來就沒有什麼意義了。

◎面對中國解體後的大洪水，北京和河北地區將會如何？位於中國最南方的海南島，會是安全的地方嗎？

北京不行。正常的北京，也就是一個保定和張家口那種規模的城市。超出這個規模的多餘人口，都是依靠帝國紅利才能維持的。在中間期，帝國紅利結束的時候，這批人口無處可去，一般來說都會被清空。體系本身，要在它能夠維持對外省的控制、尤其是維持對南方各省的控制的時候，才能取得足夠的資源。否則的話，即使你指望將來會出現普丁，在普丁出現以前的那個視窗期的話，大部分機構都會解體的。

河北是一個已經在逐漸壞死的地方，北京是靠著輸血來維持的。一到北京周圍，你馬上就可以看出癌細胞正在流膿了。帝國的荒謬性在河北表現得非常清楚。像保定附近的農村，其實已經是相當窮的地方，窮到這個地步，比新疆和西藏還要窮，但是它還是不得不敲出大量的錢去援助新疆、西藏。可以說，中國歷代每一次在歷史間歇期，京師的人口都要完全滅絕的。滿洲入關那一次基本上是歷史上最仁慈的一次，滿人基本上沒有殺北京市民的，讓他們全都活了下來，而且很快征服了江南，用大運河運來糧食，把大家都給養活了，這在窪地歷史上是非常奇怪、非常例外的現象。

在正常情況下，漢朝也好、宋朝也好，每一個王朝滅絕的時候，它的龐大京師中的大部分居民都死得很慘，基本上都是滅族了，然後新的基因都是從全國各地強行遷移過來的新人口組成的，原來的地方已經是純粹的赤地了。這裡當然也會不斷地產生出地方的小共同體，但是這樣的小共同體處在吏治國家的核心地帶。你從漢代以後的歷史就可以看得出，吏治國家的力量是不平均的：名義上是吏治國家，但是在廣州附近，可能實際上出了廣州城都是那些亂七八糟的漢語都不會說的各種民族的天下；但是在京師周圍的地方，吏治國家是扎扎實實地給你做到底的，能夠夷平一切反抗，差不多小共同體在勢力強大到能夠反抗之前，多半都已經被毀滅了。

至於海南島是否安全，還是要取決於你在當地的關係網。如果整個體系垮台了，你本來只是臨時居住的，一切收入和關係都是外來的，你在當地不一定能夠混得下來。海南島本身是一個比較孤立的地方，不像是珠江和長江的兩個三角洲一樣能夠打開國際關係。缺少國際關係的地方就很難為流亡者提供基地。像以前的上海人遷往香港那樣，仍然能夠變成香港的精英，那是因為這兩個地方都有國際關係。沒有國際關係的地方，即使是形勢孤立，可以退避，能夠維持局面的必然是地方性很強的土豪，外來人在這個地方不容易有很好的發展機會。

再者，海南島的安全程度取決於南粵的安全程度。如果南粵安全，海南島就一定安全；如果南粵不安全的話，海南島上的土豪有沒有能力自保，這是很成問題的。關鍵在於，他們在最近的幾百年歷史當中，沒有形成有利的土豪傳統，也就是說在最近幾百年時間內，海南島基本上是依附南粵而存在的，它的大部分土豪或者精英都喜歡把南粵當作自己的舞台，如果離開了南粵，在自己的本鄉本土就沒有出色的表現。所以我覺得，海南島從南粵分離出來的時間是非常短暫的，而且又是處在一個高度原子化的時代，應該不足以使他們培養出足以獨立維護自身利益的精英集團。從現在各種外來移民進入海南的表現來看，他們內部的宗族勢力是比較破碎化的。

◎中國沿海的福建省和浙江省，在大洪水來臨時會發生什麼事？離它們較近的台灣，又應該如何反應？

福建是沒有問題的，因為福建不是必爭之地，它不像湘江流域或者贛江流域，在某些時候是南軍北上長江流域或者是北軍南下珠江流域的必經之路，有雄主之心的軍閥或其他強人很容易忽略掉福建這個地方。福建這個地方地形破碎多山，征服起來難度比較大，而且又沒有廣闊的平原和稅收基礎，能夠抓到的壯丁很少，所以去啃這樣的硬骨頭利益不大，基本上是得不償失的。福建的利益也就是發展海上貿易，但是在兵荒馬亂的情況下如果有客軍經過的話，商人肯定會揚帆遠去，所以你實際上抓不到什麼，不像富饒的產糧食的平原那樣，那裡的土豪沒地方跑，你帶著兵過去可以大大地搶一番，他也沒地方可跑。福建這些港口的有錢人很多都是外商，即使是本土的商人，跑起來也很容易。所以結果就是，福建在大洪水時代總是一個被忽略的地方。總是一個被忽略的地方就意味著，它只要關閉山口，在各個小區域之間保境安民是非常容易的，比錢鏐*在吳越保境安民要容易得多。錢鏐必須在湖州、常州一線跟江淮進行真正的鬥爭，邊界也不容易封閉；而福建呢，不要說武夷山很容易封閉了，就是把它拆成閩東、閩南兩塊或者是更多的小塊，每一個小塊都很容易封閉起來，所以保境安民是非常容易的。

至於浙江，浙江只是吳越的一部分，它不是天然邊界。浙江省成立的目的，就是萬惡的朱元璋在消滅張士誠和吳越士紳的聯合抵抗以後，試圖把吳越的天然邊界破壞掉而設計出來的一種東西，所以浙江的天然邊界是不可能據守的。吳越的天然邊界是類似唐代的江南東道

* 錢鏐（852-932），五代十國時期吳越國開國國王。在位期間，曾徵用民工，修建錢塘江海塘，又在太湖流域，普造水利系統，改善當地農業經濟。由於錢鏐堅持保境安民政策，不參與中原軍閥混戰，因此在其統治期間吳越地區獲得長期穩定的發展。

和江南西道。要麼它以錢塘江為界，據守浙東這一塊，可以構成一個比較完整的單元；要麼就以長江為界，把整個吳語區據守下來。按照現在的浙江和江蘇的邊界，它是無法據守的。

台灣就不用指望上岸了，上岸對他自己不好，而且也站不住腳。馬來華人在一九六〇年代企圖發明民族的時候，曾經想像「我們跟老家的親人還是一家」諸如此類的，用這種方式來對抗英國人和穆斯林；但是等到一九八〇年代、一九九〇年代，鄧小平給他們機會讓他們還鄉的時候，真的回到老家，那些經過了毛澤東思想和流氓無產者文化洗禮的老鄉把他們騙得一塌糊塗，然後他們只有流著眼淚回去，發誓說，無論馬來穆斯林待他們多壞，都比這些流氓無產者要好，然後再也不回來了。台灣人如果要大陸的話，保證也是這個下場，如果他們在一九八〇年代以後還沒有領教過類似的下場的話——我想他們其實是領教過的。

◎大洪水後的中國和現在飽經戰亂的中東地區比起來，哪一個比較慘？

那肯定是東亞更慘一些，自古以來一向如此。東亞每一次經過戰亂都要發生戶口減半這一類的「大洪水」，而以首都為中心的核心地區基本上是人口全部替換的。中東地區，整個伊斯蘭地區，雖然平均上來看發生戰爭的次數比東亞要多，但是很少有哪一次戰爭真正是造成人口替換的。最危險的事情總共就只有兩次：一次是蒙古人進入的那一次，把巴格達附近的居民屠殺了；另一次是今天伊拉克南部的黑人叛亂，懷著階級仇恨大殺白人和阿拉伯人。除了這兩次以外，穆斯林和穆斯林之間的戰爭，雖然是你殺我殺很熱鬧，但是打敗的一方，人口損失是非常少的，勝利一方就更少了。

◎相較於古代，現代中國的科技要強大很多，所以我有理由認為，在大洪水來臨時，現代中國人的生存機率將會大大提高。您怎麼看？

實際上不是這樣，生存機率的關鍵不在科技，而是社會組成的結構。你只要看塞拉耶佛的情況、或者看聖彼得堡在一九一八年和一九四二年的情況就可以看出來了，它的人口損失是大大少於張獻忠時代的。像長安和洛陽這樣的城市，每一次在改朝換代期間，大部分人口都會清空，有很多是餓死或者是被吃掉的，大部分可能是在四處逃離京師的逃亡過程中、經過同樣無法自己為生的荒地或者流寇武裝而被消滅掉的，大部分都死了。然而在現代條件之下發生的類似塞拉耶佛式的災難中，大部分人口是得以生存的。不僅因為有海外的援助，而且因為在圍城狀態下，當地居民是有一定的現代知識的，特別是包括有醫藥知識的團體。雖然發生了大量的性侵搶劫案和人口驅逐，但是實際上，越過塞爾維亞人防線逃到聯合國指定安全區的居民，人口通常是超過當地居民的百分之四十到五十以上的。在聯合國和歐盟解決了波士尼亞問題以後，又有大量的難民還鄉。所以算總帳的話，波士尼亞的難民人數非常之多，但是死亡人數可能還不超過一、兩成。

中國歷史上的各個張獻忠時代則是恰好相反，至少會導致四、五成以上的人口死亡。蘇聯的情況就要差一些，聖彼得堡和列寧格勒都有大量的人口損失。但是即使是蘇聯那種情況，死亡人數的比例都沒有趕上張獻忠時代。死亡人數的比例主要反映出社會的組織度而不是物質條件。東歐塞拉耶佛和波士尼亞各城市難民多而死亡人數少，這是當地的組織度比較高的產物；列寧格勒和聖彼得堡死的人比較多，這是在布爾什維克統治之下組織度嚴重降低的結果；吏治國家的京畿，大量人口死亡和流散，則是因為編戶齊民制度之下，京師和大城市不但不是像歐洲自治都市那樣是自治程度最高的地方，反倒是自治程度最低的地方，連農村都有的地方豪強和宗族組織都沒有。你可以看到，長安的人口清空的時候，隴西、河西這些地方在有地方土豪保護的情況下形成軍閥割據，或者最起碼也能形成塢堡組織，人口損失就要低得多。現在你就可以合理推測，像北京這樣的地方會比列寧格勒更慘一些。有土豪的地方，情況會比塞拉耶佛要糟糕得多，也趕不上民國時代的軍閥，但是不一定趕不上關中或者是洛陽周邊的土豪地區。那些地方雖然也會有大量的人口清空，但是比純粹的京師城市區還是要稍微好一點。這就是所謂我們通過選擇我們的神明來決定我們的命運。

窪地與韭菜：阿姨論中國（人）的心理、現實與結局

作者　劉仲敬
主編　洪源鴻
責任編輯　穆通安、涂育誠
行銷企劃總監　蔡慧華
行銷企劃專員　張意婷
封面設計　張巖
排版　宸遠彩藝

社長　郭重興
發行人兼出版總監　曾大福
出版發行　八旗文化／遠足文化事業股份有限公司
地址　新北市新店區民權路一〇八之二號九樓
電話　〇二～二二一八～一四一七
傳真　〇二～八六六七～一〇六五
客服專線　〇八〇〇～二二一～〇二九
信箱　gusa0601@gmail.com
臉書　facebook.com/gusapublishing
部落格　gusapublishing.blogspot.com
法律顧問　華洋法律事務所／蘇文生律師
印刷　成陽印刷股份有限公司
出版日期　二〇二二年十月（初版一刷）
定價　四五〇元整
ISBN　9786267129883（平裝）
9786267129906（EPUB）
9786267129890（PDF）

◎版權所有，翻印必究。本書如有缺頁、破損、裝訂錯誤，請寄回更換
◎歡迎團體訂購，另有優惠。請電洽業務部（02）22181417 分機 1124
◎本書言論內容，不代表本公司／出版集團之立場或意見，文責由作者自行承擔

國家圖書館出版品預行編目（CIP）資料

窪地與韭菜：阿姨論中國（人）的心理、現實與結局
劉仲敬著／一版／新北市／八旗文化出版／遠足文化
事業股份有限公司發行／2022.10
面； 公分
ISBN 978-626-7129-88-3（平裝）

1. 中國大陸研究 2. 言論集

574.107 111014852